베이직

교리를 가르치다

넥 스 트
교사교육
시 리 즈

04

베이직

교리를 가르치다

초판 1쇄 발행 2026년 4월 1일

지은이 ㅣ 김성중

펴낸곳 ㅣ 나인프루츠 미니스트리
등 록 ㅣ 제 2025-000137호
주 소 ㅣ 경기도 성남시 수정구 수정로 316, 셀레스빌 701호
이메일 ㅣ church-edu@naver.com
전 화 ㅣ 031-8039-6999
팩 스 ㅣ 0504-296-2859

기획편집 ㅣ 넥스트교회교육원
디자인 ㅣ 희디자인 (heeyastory@kakao.com)

ISBN 979-11-996250-1-3 (03230)

넥 스 트
교사교육
시 리 즈
04

넥스트교회교육원 교사교육 교재 - 베이직 코스

교리를 가르치다

김성중

지음

NINEFRUTS
나인프루츠

추천사

일반적으로 교육에 세 가지 필수조건을 다음과 같이 꼽습니다. 첫째, 시설, 둘째, 교육의 내용, 그리고 셋째, 교사입니다. 그런 의미에서 〈넥스트 교사 교육 시리즈〉 귀한 책이 출간된 것을 진심으로 축하드립니다.

기독교 교육의 전문가분들의 글들을 읽으면서 다른 교재나 책과는 분명히 다른 차별성이 있음을 감사하게 생각합니다. 균형 있는 복음의 내용과, 일관성 있는 주제, 대상에 맞는 적실성, 적용의 현실성 등이 차별 있는 교재라는 것을 확인합니다. 더욱 중요한 것은 이 교재를 실질적으로 다루어야 할 교사들에게는 매우 현실감 있는 교재가 될 것입니다.

■ 송태근 목사 (삼일교회 담임)

거의 모든 교회에서 교사가 부족하다 말합니다. 그것은 두 가지 의미인데 신입 교사가 부족한 것과, 기존 교사의 사역이 원활하지 않음을 의미합니다. 둘 다 교사를 양성하지 않았다는 뜻입니다. 교사로 자원하는 사람이 없기는 하지요. 하지만 적극적으로 발굴하고 양성하려는 노력이 더 강해야 합니다. 단 한 명의 후보생을 위해서라도 양성을 위한 교육과정을 준비해야 합니다. 기존 교사들이 더 유능해지는 것도 중요합니다. 유능한 교사는 교회학교 운영에서 부족한 대부분의 영역을 보완합니다. 소수의 유능한 교사로 구성된 교회학교가 아주 역동적으로 사역하는 경우도 있습니다.

넥스트교회교육원의 솔루션은 단 한 명의 지원자라도 효과적으로 양성할 수 있는 것이어서 모든 교회에 유익합니다. 한국 교회의 보물이라 할 수 있습니다. 또한 온라인 교육과정은 필연적으로 담임 목사 및 현장 사역 책임자의 개입이 더해져야 강력해집니다. 이번에 출간한 교재는 그러한 현장의 필요를 요긴하게 채워줄 것입니다. 현존 최강의 현장 사역자들이 집필하여 바로 적용할 수 있는 콘텐츠를 만나실 수 있습니다. 각 교회의 담임목사님, 사모님, 교육부서 리더들이 신입 및 기존 교사들의 교육을 위해 활용하면 좋은 결과를 맺을 것입니다. 그리고 이러한 노력이 각 교회별로 적어도 3년 이상 지속되기를 기도합니다. 3년 후에는 유능한 교사들이 부족함 없이 사역하는 현장을 만드실 수 있을 것입니다.

▌홍승영 목사 (아름다운 가지, 장지교회 담임)

현장은 순조롭지 않습니다. 시대도 아이들도 항상 변화합니다. 그러나 아이들에게는 당장 좋은 교육이 절실합니다. 교육은 기다릴 수 없습니다. 그래서 오랫동안 현장에서 가슴앓이하며 아이들과 뒹굴었던 저자들의 교재는 가뭄의 비 같은 귀한 선물입니다. 이번 〈넥스트 교사 교육 시리즈〉의 발간을 환영하고 축복합니다.

▌홍민기 목사 (라이트하우스무브먼트 대표, 브리지임팩트사역원 이사장)

갈수록 교회학교 현장이 어려워지고 있다. 특히 출산율 감소, 부정적 교회 이미지 확산, 프로그램의 매력 요소 상실, 전문성 부족으로 인해서 교회학교는 계속 마이너스 성장을 하고 있다. 특히 전문적인 사역자가 많이 부족하다는 부분을 귀담아 들을 필요가 없다. 신학교에 가는 숫자도 많이 줄어서 과거 보다 더 교회학교 전문가가 없다고 한다. 이때 대안은 평신도 교사들이다. 한국 교회 안에는 유능한 교사들이 많이 있다. 때로는 담당 교역자 없이 홀로 1인 3역을 하는 헌신된 교사들이 많이 있다. 교회학교의 회복과 부흥을 위한 최고의 전략은 바로 평신도 교사를 교육

전문가로 양성하는 길이라고 확신한다.

이런 면에서 〈넥스트 교사 교육 시리즈〉는 교사의 전문성을 세우기에 안성맞춤
이다. 교사들에게 필요한 모든 소스를 다 가지고 있는 시리즈다. 특히 각 단계별로
수준에 맞는 교육 자료를 제공하는 것이 매우 큰 장점이다. 또한 이 자료들은 매우
실천적이고 실제적이다. 그리고 집필진들이 현장성이 강하기에 현장에서 바로 적
용하기에 적합한 자료이다.

〈넥스트 교사 교육 시리즈〉를 잘 활용한다면 탁월한 평신도 전문 교사들이 양성
될 것이라 확신한다. 다시 한번 교회학교 부흥을 소망해 본다.

■ 이정현 목사 (청암교회 담임)

다음세대의 신앙은 결코 저절로 자라지 않습니다. 한 사람의 교사가 흘린 눈물과
기도, 그리고 사랑의 수고를 통해서만 아이들의 믿음이 세워집니다. 그렇기에 교
사는 단순한 교육자가 아니라, 영혼을 말씀 위에 세우는 사람입니다. 〈넥스트 교사
교육 시리즈〉는 이러한 교사를 세우기 위한 탁월한 안내서입니다. 이 책은 '무엇을
가르칠까'보다 '어떤 교사가 될까'를 먼저 묻고, 교사의 정체성과 사명, 소통의 기
술, 성경연구와 공과준비 등 핵심을 균형 있게 다루고 있습니다. 교사에게 부담을
더하는 책이 아니라, 하나님께서 주신 부르심을 다시 깨닫게 하는 책입니다. 다음
세대를 세워가는 모든 교사들에게 이 책을 기쁜 마음으로 추천합니다.

■ 주경훈 목사 (오륜교회 담임)

교회교육에서 쉽게 빠지는 함정이 있다면, 교사는 이미 준비된 사람이라는 선입
견입니다. 그래서 교사 교육을 간과하고 학생교육으로 직진하는 경향들이 있습니
다. 하지만 교회교육에서 가장 중요한 것은 교육의 컨텐츠와 방법이 아니라, 그것
을 가능케 하는 교사의 역량과 성품, 그리고 사명감과 정체성을 확립하는 교사 교
육입니다. 목회의 현장에서 교사 교육의 필요성을 절감하면서도 늘 안타까웠던 것

은 학생을 위한 교재가 아니라, 교사 훈련을 위한 교재가 빈약하다는 것입니다. 이런 현실 앞에 넥스트교회교육원에서 교사 교육 교재를 발간하게 된 것이 고맙고도 반갑습니다. 교재의 커리큘럼에는 내용의 전문성과 현실적 필요가 균형을 이루고 있습니다. 부디 많은 교회들이 이 교재를 사용하여 훌륭한 교사들을 발굴하고 훈련할 수 있기를 바랍니다.

▌ **최병락 목사** (강남중앙침례교회 담임. 월드사역연구소 소장)

운동을 배우다 보면, 코치들이 가장 먼저 외치는 말이 있습니다. "제발 힘을 빼세요!" 몸에 밴 잘못된 습관과 방식을 내려놓아야 운동의 기본자세가 잡히기 때문입니다. 〈넥스트 교사 교육 시리즈〉는 '영혼을 살리는 교사'가 되기 위해 필요한 교사의 정체성, 소명·사명, 대화법과 교수법 등의 기초에서부터, 성경과 교리, 상담, 그리고 각 부서별 현장을 위한 사역연구까지 차근차근 체계적으로 접근하며, 교사가 복음 전수자이자, 진정한 선생으로 자리하도록 기본기를 탄탄하게 가르쳐 줍니다. 모쪼록 이 책을 통해 많은 교사들이 예수님의 삼중직(제사장, 선지자, 왕)을 따라 영혼을 살리는 교사로 세워지기를 진심으로 소망합니다.

▌ **양성진 교수** (감리교신학대학교 기독교교육과)

교사 자체가 교육이라고 해도 과언이 아닙니다. 교회교육이 세상의 많은 것들과 경쟁해야 하는 상황이기에 가르침으로의 부르심과 신앙, 교사라는 분명한 자기 정체성을 가진 교사 한 분 한 분이 더 중요해졌습니다. 세월이 가도 문화가 변해도 교사의 역할과 책임은 변하지 않습니다. 부르심이 변하지 않기 때문입니다. 이 교재가 다시 한번 선생님들을 부르심과 정체성 앞에 서게 할 것입니다. 부디 선생님에게 변화가 있기를 선생님의 변화를 통해 다음세대가 변화될 수 있기를 간절히 소망합니다.

▌ **신승범 교수** (서울신학대학교 기독교교육과)

교회 교육 현장은 지금 '넥스트' 세대를 향한 명확한 비전과 실천적인 역량을 갖춘 교사를 간절히 기다리고 있다. 이러한 시대적 부르심에 응답하여 출간된 〈넥스트 교사 교육 시리즈〉는 단순한 지식 전달을 넘어, 복음으로 영혼을 변화시키는 사명을 품은 교사를 세우는 데 그 핵심 목표를 두고 있다. 이 시대의 교회 교육을 다시 세우길 원하는 모든 이에게 이 필독서를 강력히 추천한다.

"기독교사 없이는 기독교 교육도 없다"고 말한다. 이는 기독교 교육은 올바른 신앙적 정체성을 가지고 있는 교사가 하나님의 부르심에 신실하게 응답하면서 시작되는 것이기 때문이다. 그리고 하나님의 소명에 반응하면서 기독교사에게 맡겨진 사명을 온전하게 감당하기 위해서는 그에 합당한 역량을 구비해야만 한다. 이런 의미에서 본 〈넥스트 교사 교육 시리즈〉는 교사의 정체성을 다시 한번 고취시키고, 교사로서의 소명과 사명을 재확인하며, 교사가 갖춰야 하는 기본적인 교육 실무역량을 구비하도록 돕는 유익한 안내서라 할 수 있습니다. 바라기는 이 교재를 활용하여 교회학교에서 섬기시는 교사들이 하나님께서 기뻐하시는 기독교사로 새롭게 거듭나기를 소망합니다. 그리고 이 책을 통해 첫사랑을 잊었던 영혼 가운데 새 생명의 싹이 새롭게 움트기를 기대해 봅니다.

교회학교의 사명은 단지 프로그램을 운영하는 데 그치지 않고, 다음세대의 영혼을 살리는 교육 사역을 감당하는 데 있습니다. 이 사명을 이루기 위해서는 뜨거운 열정과 더불어 전문적이고 건강한 가르침의 역량이 반드시 필요합니다. 이러한 때에 교사들을 위한 〈넥스트 교사 교육 시리즈〉가 출간되었다는 소식은 큰 감사와 기대를 안겨줍니다.

이 교재는 교사들이 교사로서 반드시 갖추어야 할 기본 역량을 체계적으로 배울 수 있도록 '기초역량코스', '베이직코스', '사역연구코스'의 3단계 총 14권으로 구성되어 있습니다. 〈넥스트 교사 교육 시리즈〉를 통해 많은 교사들이 다시 한번 '왜 가르치는가'라는 본질적 질문 앞에 서게 되고, 동시에 '어떻게 가르칠 것인가'에 대한 실제적 능력을 갖추게 되리라 믿습니다.

귀한 시간과 헌신으로 내용을 집필해 주신 모든 집필자님들께 깊은 감사와 존경을 전합니다. 이 교재가 한국교회 교회학교 모든 선생님들에게 사역의 기쁨과 보람을 회복시키는 귀한 선물이 되기를 확신하며 기쁨으로 추천합니다.

▌ **권진하 대표** (평생교육학 박사, 교회교육훈련개발원)

〈넥스트 교사 교육 시리즈〉가 출판됨을 진심으로 축하드립니다. 이 책은 교사 개인보다 부서의 교사 공동체가 함께 읽으며 교사의 정체성과 사명, 가르치고 양육함에 실제적 실천 사항을 알려주며 건강한 교사, 건강한 교회학교를 세워가는 데 큰 도움이 되는 책입니다. 또한 말씀안에서 믿음을 세우며 핵심을 알려주는 교사 교육의 정석이라 말할 수 있습니다. 교사라면 한 손에 성경을, 한 손에 이 책을 들고 읽고 실천하며 교회에 부흥의 선도자가 되기를 소망합니다.

▌ **한민수 목사** (불로교회 담임, 어사연 대표)

교사의 가슴에 다시 소명의 불을 지피다! 다음 세대의 위기 속에서도 교사는 여전히 교회의 희망입니다. 〈넥스트 교사 교육 시리즈〉는 교사의 흔들리지 않는 신앙 정체성과 소명, 그리고 현장에 필요한 소통과 교수법까지 교사에게 꼭 필요한 기초 역량을 균형 있게 담아낸 수작입니다. 이 책은 단순한 교육 매뉴얼을 넘어, 우리 선생님들이 '영혼을 살리는 교사'로서의 뜨거운 가슴을 회복하도록 돕습니다. 다음 세대를 그리스도께로 인도하기 위해 애쓰는 모든 선생님께 이 책이 든든한 영적 나침반이자 실천적 길잡이가 되어주리라 확신하며 기쁘게 추천합니다.

▌ **김형석 목사** (서울 지구촌교회 담임)

들어가며

교리는 우리가 무엇을 믿는가에 관한 신앙의 내용을 담고 있기 때문에 교회학교 교사는 교리를 정확하게, 구체적으로 알고 있어야 합니다. 그리고 아이들이 이해할 수 있는 언어와 방법을 사용해서 교리를 가르칠 수 있어야 합니다.

따라서 이 교재를 공부하는 가운데 신앙의 내용을 체계적으로 정리하고 이해하고 내면화하는 시간이 되기를 바라고, 우리가 만나는 아이들에게 교리를 바르고 정확하게 알려줄 수 있는 소중한 지혜와 지식을 얻기를 소망합니다.

교리는 하나님의 말씀인 성경을 근거로 정리하고 체계화한 것이기에 교재 안에는 성경 말씀이 많이 나옵니다. 그래서 교재에 나오는 성경 말씀을 반복적으로 읽고, 천천히 써 보면서 공부하면 생생한 교리 공부가 될 것으로 생각합니다. 지금도 교회 교육의 현장에서 말로, 삶으로 신앙의 내용을 열심히 가르치고 있는 모든 교회학교 교사들에게 진심 어린 응원과 축복의 인사를 드리고 싶습니다.

▌ 저자 **김성중** 교수 (장로회신학대학교 기독교교육과)

넥 스 트
교사교육
시 리 즈

기초역량 코스

구분	순번	도서명	저자	주제
기초 역량 코스	1	나는 영혼을 살리는 교사입니다	정석원 목사 이재영 교수 김성중 교수 김민철 목사	신앙정체성과 신앙생활 / 교사의 부르심과 해야할 일 / 교회교육의 이해 / 소통과 대화법 / 성경 연구방법과 교수법

베이직 코스

구분	순번	도서명	저자	주제
베이직 코스	2	나를 보는 시선, 자아상	박하승 대표	나를 보는 시선, 자아상 / 하나님의 시선 / 신앙 정체성과 소명
	3	이해하고 관계를 맺다	오경환 교수	발달의 이해 / 기질 성향의 이해 / 관계 맺기
	4	교리를 가르치다	김성중 교수	삼위일체 하나님 / 복음 / 성경 / 교회 / 십계명 / 사도신경 / 주기도문 / 세례와 성찬

사역연구 코스

구분	순번	도서명	저자	주제
사역 연구 코스	5	성경 연구와 교수법	고상섭 목사	성경연구 / 교수법
	6	영유아부 사역연구 1	이재영 교수	영유아부 사역이해 / 오감활동 / 오감활동실제 / 예배기획 / 소그룹활동
	7	영유아부 사역연구 2	이재영 교수	부모가정관계사역 / 부모교육 및 새가족반운영 / 영유아 놀이지도법 / 발달특성 및 문제행동 코칭
	8	유치부 사역연구 1	윤가영 전도사	유치부사역의 이해 / 발달심리의 이해 / 소통과 관계맺기 / 소그룹 반목회 / 공과준비와 진행
	9	유치부 사역연구 2	우주랑 목사	프로그램활동과 전도 / 부모가정관계사역 / 성경동화 및 손유희 / 환경구성 교구교재활용
	10	유초등부 사역연구 1	유지혜전도사	유초등부 사역의 이해 / 발달심리의 이해 / 소통과 관계맺기 / 프로그램 활동과 전도 / 복음제시
	11	유초등부 사역연구 2	박혜신 목사	심방과 아동상담 / 소그룹 반목회 / 공과의 준비와 진행 / 공과진행 실제
	12	청소년부 사역연구 1	정석원 목사	청소년부 사역의 이해 / 청소년 발달심리이해 / 청소년문화와 비행연구 / 소그룹 반목회 / 소통과 관계맺기
	13	청소년부 사역연구 2	최창수 목사	복음제시 / 청소년 성교육과 이성교제 / 학업과 진로 상담 / 공과의 준비와 진행 / 공과진행 실제
	14	교사 상담 아카데미	김세영 교수 양서연 박사 이재연 대표	기독교상담의 이해 / 아동상담의 이해와 상담기법 / 청소년상담의 이해와 상담기법 / 발달장애의 이해

* 기초역량코스 1권, 베이직코스 3권, 사역연구코스 10권, 총 14권

* 교사 1인 총 교재 수 : 총 8권 (기초역량코스 1권 + 베이직코스 3권 + 사역연구코스 4권)

차례

삼위일체 하나님

성부 하나님, 성자 예수님, 성령 하나님은
한 분이신 삼위일체 하나님이십니다.

1. 성부 하나님은 누구신지를 알아봅니다.

2. 성자 예수님은 누구신지를 알아봅니다.

3. 성령 하나님은 누구신지를 알아봅니다.

4. 성부, 성자, 성령님이 한 분이신 하나님이심을 알아봅니다.

5. 삼위일체 하나님을 이해하고 믿습니다.

성부 하나님, 성자 예수님, 성령 하나님은 누구신지를
성경 말씀을 통해 구체적으로 알아보고, 성부, 성자, 성령 하나님은
삼위일체로 한 분이신 하나님이심을 이해하고 믿을 수 있도록 인도합니다.
더 나아가 아이들이 삼위일체 하나님을 이해할 수 있도록
성경 말씀을 통해 쉽게 설명해 줄 수 있는 능력을 갖추도록 인도합니다.

성부 하나님은 누구십니까?

1) 성부 하나님은 온 세상을 만드신 창조자입니다.

창세기 1장 1절의 말씀을 함께 읽어봅니다!
"태초에 하나님이 천지를 창조하시니라."

고린도전서 8장 6절을 함께 읽어봅니다!
"그러나 우리에게는 한 하나님 곧 아버지가 계시니 만물이 그에게서 났고 우리도
그를 위하여 있고 또한 한 주 예수 그리스도께서 계시니 만물이 그로 말미암고 우
리도 그로 말미암아 있느니라."

에베소서 3장 9절을 함께 읽어봅니다!
"영원부터 만물을 창조하신 하나님 속에 감추어졌던 비밀의 경륜이 어떠한 것을
드러내게 하려 하심이라."

2) 성부 하나님은 온 세상과 역사의 주관자입니다.

사무엘상 2장 6-7절의 말씀을 함께 읽어봅니다!

"여호와는 죽이기도 하시고 살리기도 하시며 스올에 내리게도 하시고 거기에서 올리기도 하시는도다 여호와는 가난하게도 하시고 부하게도 하시며 낮추기도 하시고 높이기도 하시는도다."

시편 103편 19절의 말씀을 함께 읽어봅니다!

"여호와께서 그의 보좌를 하늘에 세우시고 그의 왕권으로 만유를 다스리시도다."

다니엘 2장 21절의 말씀을 함께 읽어봅니다!

"그는 때와 계절을 바꾸시며 왕들을 폐하시고 왕들을 세우시며 지혜자에게 지혜를 주시고 총명한 자에게 지식을 주시는도다."

마태복음 10장 29절의 말씀을 함께 읽어봅니다!

"참새 두 마리가 한 앗사리온에 팔리지 않느냐 그러나 너희 아버지께서 허락하지 아니하시면 그 하나도 땅에 떨어지지 아니하리라."

3) 성부 하나님은 인류 구원 계획의 설계자입니다.

요한복음 3장 16절을 함께 읽어봅니다!

"하나님이 세상을 이처럼 사랑하사 독생자를 주셨으니 이는 그를 믿는 자마다 멸
망하지 않고 영생을 얻게 하려 하심이라."

에베소서 1장 4-5절의 말씀을 함께 읽어봅니다!

"곧 창세 전에 그리스도 안에서 우리를 택하사 우리로 사랑 안에서 그 앞에 거룩하
고 흠이 없게 하시려고 그 기쁘신 뜻대로 우리를 예정하사 예수 그리스도로 말미
암아 자기의 아들들이 되게 하셨으니"

디모데후서 1장 9절의 말씀을 함께 읽어봅니다!

"하나님이 우리를 구원하사 거룩하신 소명으로 부르심은 우리의 행위대로 하심이
아니요 오직 자기의 뜻과 영원 전부터 그리스도 예수 안에서 우리에게 주신 은혜
대로 하심이라."

Q 하나님이 창세 전에 우리를 택하셨다는 사실에 대해 우리는 어떤 태도를 가져야 합
니까?

4) 성부 하나님은 우리의 진정한 왕입니다.

시편 145편 1절의 말씀을 함께 읽어봅니다!
"왕이신 나의 하나님이여 내가 주를 높이고 영원히 주의 이름을 송축하리이다."

이사야 33장 22절의 말씀을 함께 읽어봅니다!
"대저 여호와는 우리 재판장이시요 여호와는 우리에게 율법을 세우신 이요 여호
와는 우리의 왕이시니 그가 우리를 구원하실 것임이라."

디모데전서 6장 15절의 말씀을 함께 읽어봅니다!
"기약이 이르면 하나님이 그의 나타나심을 보이시리니 하나님은 복되시고 유일하
신 주권자이시며 만왕의 왕이시며 만주의 주시요"

Q 왕이신 하나님이 내 삶을 다스리신다는 사실이 오늘 나의 선택과 결정에 어떤 영향을
주고 있습니까?

5) 성부 하나님은 우리에게 최고로 좋은 것을 주시는 아버지입니다.

역대상 17장 26-27절의 말씀을 함께 읽어봅니다!
"여호와여 오직 주는 하나님이시라 주께서 이 좋은 것으로 주의 종에게 허락하시
고 이제 주께서 종의 왕조에 복을 주사 주 앞에 영원히 두시기를 기뻐하시나이다
여호와여 주께서 복을 주셨사오니 이 복을 영원히 누리리이다 하니라."

마태복음 7장 11절의 말씀을 함께 읽어봅니다!

"너희가 악한 자라도 좋은 것으로 자식에게 줄 줄 알거든 하물며 하늘에 계신 너희
 아버지께서 구하는 자에게 좋은 것으로 주시지 않겠느냐"

야고보서 1장 17절의 말씀을 함께 읽어봅니다!

"온갖 좋은 은사와 온전한 선물이 다 위로부터 빛들의 아버지께로부터 내려오나
 니 그는 변함도 없으시고 회전하는 그림자도 없으시니라."

Q 지금 나에게 하나님께서 주기를 원하시는 가장 좋은 것은 무엇이라고 생각합니까?

6) 성부 하나님은 우리의 기도를 받으시는 분입니다.

시편 54편 2절의 말씀을 함께 읽어봅니다!

"하나님이여 내 기도를 들으시며 내 입의 말에 귀를 기울이소서"

마태복음 6장 9절의 말씀을 함께 읽어봅니다!

"그러므로 너희는 이렇게 기도하라 하늘에 계신 우리 아버지여 이름이 거룩히 여
 김을 받으시오며"

요한복음 16장 23절의 말씀을 함께 읽어봅니다!

"그 날에는 너희가 아무 것도 내게 묻지 아니하리라 내가 진실로 진실로 너희에게
 이르노니 너희가 무엇이든지 아버지께 구하는 것을 내 이름으로 주시리라."

Q 하나님께서 나의 기도를 들으신다고 확신했던 순간은 언제이며, 그것이 내 신앙에 어떤 영향을 주었습니까?

Q 성부 하나님의 은혜를 생각하며 감사와 찬양의 고백을 드립니다.

성자 예수님은 누구십니까?

1) 성자 예수님은 사람이 되어 이 땅에 오신 하나님입니다.

요한복음 1장 14절의 말씀을 함께 읽어봅니다!

"말씀이 육신이 되어 우리 가운데 거하시매 우리가 그의 영광을 보니 아버지의 독
생자의 영광이요 은혜와 진리가 충만하더라."

갈라디아서 4장 4-5절의 말씀을 함께 읽어봅니다!

"때가 차매 하나님이 그 아들을 보내사 여자에게서 나게 하시고 율법 아래에 나게
하신 것은 율법 아래에 있는 자들을 속량하시고 우리로 아들의 명분을 얻게 하려
하심이라."

빌립보서 2장 6-8절의 말씀을 함께 읽어봅니다!

"그는 근본 하나님의 본체시나 하나님과 동등됨을 취할 것으로 여기지 아니하시
고 오히려 자기를 비워 종의 형체를 가지사 사람들과 같이 되셨고 사람의 모양으
로 나타나사 자기를 낮추시고 죽기까지 복종하셨으니 곧 십자가에 죽으심이라."

Q 예수님께서 '인간의 모습'으로 이 땅에 오신 이유는 무엇이라고 생각합니까?

2) 성자 예수님은 인간의 죄의 값을 대신 치러주신 유일한 구원자입니다.

이사야 53장 5-6절의 말씀을 함께 읽어봅니다!

"그가 찔림은 우리의 허물 때문이요 그가 상함은 우리의 죄악 때문이라 그가 징계
를 받으므로 우리는 평화를 누리고 그가 채찍에 맞으므로 우리는 나음을 받았도
다 우리는 다 양 같아서 그릇 행하여 각기 제 길로 갔거늘 여호와께서는 우리 모두
의 죄악을 그에게 담당시키셨도다."

마태복음 1장 21절의 말씀을 함께 읽어봅니다!

"아들을 낳으리니 이름을 예수라 하라 이는 그가 자기 백성을 그들의 죄에서 구원
할 자이심이라 하니라."

마가복음 10장 45절의 말씀을 함께 읽어봅니다!

"인자가 온 것은 섬김을 받으려 함이 아니라 도리어 섬기려 하고 자기 목숨을 많은
사람의 대속물로 주려 함이니라."

» **대속물(代贖物, ransom)** : 원뜻은 '자유롭게 하는 것', 곧 부채나 속박(노예 상태) 또는 죄의

상태로부터 자유롭게 해주기 위해 대신해서 부담하는 대가(代價). [라이프성경사전]

Q 나를 대신하여 대속물로 자신을 내어주신 예수님을 기억하며 내가 드릴 수 있는 순종은 무엇입니까?

3) 성자 예수님은 죽음을 이기신 부활의 주입니다.

요한복음 11장 25절의 말씀을 함께 읽어봅니다!
"예수께서 이르시되 나는 부활이요 생명이니 나를 믿는 자는 죽어도 살겠고"

로마서 6장 9절의 말씀을 함께 읽어봅니다!
"이는 그리스도께서 죽은 자 가운데서 살아나셨으매 다시 죽지 아니하시고 사망이 다시 그를 주장하지 못할 줄을 앎이로라."

고린도전서 15장 3-4절의 말씀을 함께 읽어봅니다!
"내가 받은 것을 먼저 너희에게 전하였노니 이는 성경대로 그리스도께서 우리 죄를 위하여 죽으시고 장사 지낸 바 되셨다가 성경대로 사흘 만에 다시 살아나사"

Q 예수님의 죽음과 부활이 나의 죽음과 부활이라는 것은 나의 신앙에 어떤 의미가 있습니까?

4) 성자 예수님은 하늘로 승천하셔서 하나님 우편에 앉아 계신 분입니다.

마가복음 16장 19절의 말씀을 함께 읽어봅니다!
"주 예수께서 말씀을 마치신 후에 하늘로 올려지사 하나님 우편에 앉으시니라."

사도행전 1장 11절의 말씀을 함께 읽어봅니다!
"이르되 갈릴리 사람들아 어찌하여 서서 하늘을 쳐다보느냐 너희 가운데서 하늘로 올려지신 이 예수는 하늘로 가심을 본 그대로 오시리라 하였느니라."

베드로전서 3장 22절의 말씀을 함께 읽어봅니다!
"그는 하늘에 오르사 하나님 우편에 계시니 천사들과 권세들과 능력들이 그에게 복종하느니라."

5) 성자 예수님은 하나님과 인간 사이의 유일한 중보자입니다.

요한복음 14장 6절의 말씀을 함께 읽어봅니다!
"예수께서 이르시되 내가 곧 길이요 진리요 생명이니 나로 말미암지 않고는 아버지께로 올 자가 없느니라."

에베소서 2장 14절의 말씀을 함께 읽어봅니다!
"그는 우리의 화평이신지라 둘로 하나를 만드사 원수 된 것 곧 중간에 막힌 담을 자기 육체로 허시고"

디모데전서 2장 5절의 말씀을 함께 읽어봅니다!
"하나님은 한 분이시요 또 하나님과 사람 사이에 중보자도 한 분이시니 곧 사람이신 그리스도 예수라."

히브리서 12장 24절의 말씀을 함께 읽어봅니다!
"새 언약의 중보자이신 예수와 및 아벨의 피보다 더 나은 것을 말하는 뿌린 피니라."

Q 예수님의 중보 사역이 나에게 주는 위로와 확신은 무엇입니까?

6) 성자 예수님은 교회를 세우시고 교회의 머리가 되신 분입니다.

마태복음 16장 18절의 말씀을 함께 읽어봅니다!

"또 내가 네게 이르노니 너는 베드로라 내가 이 반석 위에 내 교회를 세우리니 음부의 권세가 이기지 못하리라."

에베소서 1장 22절의 말씀을 함께 읽어봅니다!

"또 만물을 그의 발 아래에 복종하게 하시고 그를 만물 위에 교회의 머리로 삼으셨느니라."

골로새서 1장 18절의 말씀을 함께 읽어봅니다!

"그는 몸인 교회의 머리시라 그가 근본이시요 죽은 자들 가운데서 먼저 나신 이시니 이는 친히 만물의 으뜸이 되려 하심이요."

Q 예수님이 교회의 머리가 되신다는 것은 교회가 어떠해야 함을 의미합니까?

7) 성자 예수님은 재림하실 심판주입니다.

마태복음 16장 27절의 말씀을 함께 읽어봅니다!

"인자가 아버지의 영광으로 그 천사들과 함께 오리니 그 때에 각 사람이 행한 대로
갚으리라."

마태복음 25장 31-33절의 말씀을 함께 읽어봅니다!

"인자가 자기 영광으로 모든 천사와 함께 올 때에 자기 영광의 보좌에 앉으리니 모
든 민족을 그 앞에 모으고 각각 구분하기를 목자가 양과 염소를 구분하는 것 같이
하여 양은 그 오른편에 염소는 왼편에 두리라."

데살로니가전서 4장 16절의 말씀을 함께 읽어봅니다!

"주께서 호령과 천사장의 소리와 하나님의 나팔 소리로 친히 하늘로부터 강림하
시리니 그리스도 안에서 죽은 자들이 먼저 일어나고."

요한계시록 22장 12절의 말씀을 함께 읽어봅니다!

"보라 내가 속히 오리니 내가 줄 상이 내게 있어 각 사람에게 그가 행한 대로 갚아
주리라."

Q 성자 예수님의 은혜를 생각하며 감사와 찬양의 고백을 드립니다.

03

성령 하나님은 누구십니까?

Q 평소 나는 성령 하나님을 어떤 분으로 알고 있습니까? 어떻게 체험하고 계십니까?

1) 성령 하나님은 하나님의 영, 예수님의 영입니다.

창세기 1장 2절의 말씀을 함께 읽어봅니다!

"땅이 혼돈하고 공허하며 흑암이 깊음 위에 있고 하나님의 영은 수면 위에 운행하
시니라."

이사야 11장 2절의 말씀을 함께 읽어봅니다!

"그의 위에 여호와의 영 곧 지혜와 총명의 영이요 모략과 재능의 영이요 지식과 여
호와를 경외하는 영이 강림하시리니"

사도행전 16장 7절의 말씀을 함께 읽어봅니다!

"무시아 앞에 이르러 비두니아로 가고자 애쓰되 예수의 영이 허락하지 아니하시
는지라."

로마서 8장 9절의 말씀을 함께 읽어봅니다!

"만일 너희 속에 하나님의 영이 거하시면 너희가 육신에 있지 아니하고 영에 있나
니 누구든지 그리스도의 영이 없으면 그리스도의 사람이 아니라."

갈라디아서 4장 6절의 말씀을 함께 읽어봅니다!

"너희가 아들이므로 하나님이 그 아들의 영을 우리 마음 가운데 보내사 아빠 아버
지라 부르게 하셨느니라."

베드로전서 1장 11절의 말씀을 함께 읽어봅니다!

"자기 속에 계신 그리스도의 영이 그 받으실 고난과 후에 받으실 영광을 미리 증언
하여 누구를 또는 어떠한 때를 지시하시는지 상고하니라."

**2) 성령 하나님은 우리와 함께하시고, 우리의 필요를 채워주시는 보혜사입니다. 보혜사
는 위로자, 상담자, 중보자, 돕는 자, 교사, 대변자, 지원자 등의 뜻을 가지고 있습니다.**

요한복음 14장 16절의 말씀을 함께 읽어봅니다!

"내가 아버지께 구하겠으니 그가 또 다른 보혜사를 너희에게 주사 영원토록 너희
와 함께 있게 하리니"

요한복음 16장 7절의 말씀을 함께 읽어봅니다!

"그러나 내가 너희에게 실상을 말하노니 내가 떠나가는 것이 너희에게 유익이라
내가 떠나가지 아니하면 보혜사가 너희에게로 오시지 아니할 것이요 가면 내가
그를 너희에게로 보내리니"

로마서 8장 26절의 말씀을 함께 읽어봅니다!

"이와 같이 성령도 우리의 연약함을 도우시나니 우리는 마땅히 기도할 바를 알지
못하나 오직 성령이 말할 수 없는 탄식으로 우리를 위하여 친히 간구하시느니라."

빌립보서 1장 19절의 말씀을 함께 읽어봅니다!

"이것이 너희의 간구와 예수 그리스도의 성령의 도우심으로 나를 구원에 이르게
할 줄 아는 고로"

Q 나는 성령님의 도우심과 위로를 언제, 어떻게 구하고 있습니까?

3) 성령 하나님은 예수 그리스도를 믿는 자 안에 내주하시는 분입니다.

고린도전서 3장 16절의 말씀을 함께 읽어봅니다!

"너희는 너희가 하나님의 성전인 것과 하나님의 성령이 너희 안에 계시는 것을 알
지 못하느냐"

고린도전서 6장 19-20절의 말씀을 함께 읽어봅니다!

"너희 몸은 너희가 하나님께로부터 받은바 너희 가운데 계신 성령의 전인 줄을 알
지 못하느냐 너희는 너희 자신의 것이 아니라 값으로 산 것이 되었으니 그런즉 너
희 몸으로 하나님께 영광을 돌리라."

로마서 8장 9-10절의 말씀을 함께 읽어봅니다!

"만일 너희 속에 하나님의 영이 거하시면 너희가 육신에 있지 아니하고 영에 있나
니 누구든지 그리스도의 영이 없으면 그리스도의 사람이 아니라 또 그리스도께
서 너희 안에 계시면 몸은 죄로 말미암아 죽은 것이나 영은 의로 말미암아 살아 있
는 것이니라."

4) 성령 하나님은 진리를 깨닫게 해 주시는 진리의 영입니다.

요한복음 14장 17절의 말씀을 함께 읽어봅니다!

"그는 진리의 영이라 세상은 능히 그를 받지 못하나니 이는 그를 보지도 못하고 알
지도 못함이라 그러나 너희는 그를 아나니 그는 너희와 함께 거하심이요 또 너희
속에 계시겠음이라."

요한1서 4장 6절의 말씀을 함께 읽어봅니다!

"우리는 하나님께 속하였으니 하나님을 아는 자는 우리의 말을 듣고 하나님께 속
하지 아니한 자는 우리의 말을 듣지 아니하나니 진리의 영과 미혹의 영을 이로써
아느니라."

5) 성령 하나님은 예수 그리스도를 증언하시는 분입니다.

요한복음 15장 26절의 말씀을 함께 읽어봅니다!

"내가 아버지께로부터 너희에게 보낼 보혜사 곧 아버지께로부터 나오시는 진리의
성령이 오실 때에 그가 나를 증언하실 것이요"

6) 성령 하나님은 예수 그리스도를 주로 믿고 새 사람이 되도록 인도하시는 분입니다.

요한복음 3장 5절의 말씀을 함께 읽어봅니다!
"예수께서 대답하시되 진실로 진실로 네게 이르노니 사람이 물과 성령으로 나지
아니하면 하나님의 나라에 들어갈 수 없느니라."

고린도전서 12장 3절의 말씀을 함께 읽어봅니다!
"그러므로 내가 너희에게 알리노니 하나님의 영으로 말하는 자는 누구든지 예수
를 저주할 자라 하지 아니하고 또 성령으로 아니하고는 누구든지 예수를 주시라
할 수 없느니라."

7) 성령 하나님은 예수님의 말씀을 이해할 수 있도록 가르쳐 주시는 분입니다.

요한복음 14장 26절의 말씀을 함께 읽어봅니다!
"보혜사 곧 아버지께서 내 이름으로 보내실 성령 그가 너희에게 모든 것을 가르치
고 내가 너희에게 말한 모든 것을 생각나게 하리라."

8) 성령 하나님은 구원을 확증해 주시는 분입니다.

에베소서 1장 13-14절의 말씀을 함께 읽어봅니다!
"그 안에서 너희도 진리의 말씀 곧 너희의 구원의 복음을 듣고 그 안에서 또한 믿
어 약속의 성령으로 인치심을 받았으니 이는 우리 기업의 보증이 되사 그 얻으신
것을 속량하시고 그의 영광을 찬송하게 하려 하심이라."

고린도후서 1장 22절의 말씀을 함께 읽어봅니다!
"그가 또한 우리에게 인치시고 보증으로 우리 마음에 성령을 주셨느니라."

9) 성령 하나님은 하나님을 알게 해 주시는 분입니다. 즉, 하나님의 뜻과 생각을 알게 해 주시는 분입니다.

고린도전서 2장 10-11절의 말씀을 함께 읽어봅니다!

"오직 하나님이 성령으로 이것을 우리에게 보이셨으니 성령은 모든 것 곧 하나님의 깊은 것까지도 통달하시느니라 사람의 일을 사람의 속에 있는 영 외에 누가 알리요 이와 같이 하나님의 일도 하나님의 영 외에는 아무도 알지 못하느니라."

10) 성령 하나님은 우리가 받은 은혜를 깨닫게 해 주시는 분입니다.

고린도전서 2장 12절의 말씀을 함께 읽어봅니다!

"우리가 세상의 영을 받지 아니하고 오직 하나님으로부터 온 영을 받았으니 이는 우리로 하여금 하나님께서 우리에게 은혜로 주신 것들을 알게 하려 하심이라."

11) 성령 하나님은 장래 일을 알게 하고, 환상을 보게 하고, 꿈을 꾸게 하시는 분입니다.

요엘 2장 28절의 말씀을 함께 읽어봅니다!

"그 후에 내가 내 영을 만민에게 부어 주리니 너희 자녀들이 장래 일을 말할 것이며 너희 늙은이는 꿈을 꾸며 너희 젊은이는 이상을 볼 것이며"

요한복음 16장 13절의 말씀을 함께 읽어봅니다!

"그러나 진리의 성령이 오시면 그가 너희를 모든 진리 가운데로 인도하시리니 그가 스스로 말하지 않고 오직 들은 것을 말하며 장래 일을 너희에게 알리시리라."

사도행전 2장 17절의 말씀을 함께 읽어봅니다!

"하나님이 말씀하시기를 말세에 내가 내 영을 모든 육체에 부어 주리니 너희의 자녀들은 예언할 것이요 너희의 젊은이들은 환상을 보고 너희의 늙은이들은 꿈을 꾸리라."

12) 성령 하나님은 우리의 삶을 인도하시는 분입니다.

로마서 8장 14절의 말씀을 함께 읽어봅니다!
"무릇 하나님의 영으로 인도함을 받는 사람은 곧 하나님의 아들이라."

갈라디아서 5장 18절의 말씀을 함께 읽어봅니다!
"너희가 만일 성령의 인도하시는 바가 되면 율법 아래에 있지 아니하리라."

13) 성령 하나님은 성령의 9가지 열매(성품)를 맺게 해 주시는 분입니다.

갈라디아서 5장 22-23절의 말씀을 함께 읽어봅니다!
"오직 성령의 열매는 사랑과 희락과 화평과 오래 참음과 자비와 양선과 충성과 온
유와 절제니 이같은 것을 금지할 법이 없느니라."

14) 성령 하나님은 다양한 성령의 은사(능력)를 주시는 분입니다.

로마서 12장 6-8절의 말씀을 함께 읽어봅니다!
"우리에게 주신 은혜대로 받은 은사가 각각 다르니 혹 예언이면 믿음의 분수대로,
혹 섬기는 일이면 섬기는 일로, 혹 가르치는 자면 가르치는 일로, 혹 위로하는 자
면 위로하는 일로, 구제하는 자는 성실함으로, 다스리는 자는 부지런함으로, 긍휼
을 베푸는 자는 즐거움으로 할 것이니라."

고린도전서 12장 8-10절의 말씀을 함께 읽어봅니다!
"어떤 사람에게는 성령으로 말미암아 지혜의 말씀을, 어떤 사람에게는 같은 성령
을 따라 지식의 말씀을, 다른 사람에게는 같은 성령으로 믿음을, 어떤 사람에게
는 한 성령으로 병 고치는 은사를, 어떤 사람에게는 능력 행함을, 어떤 사람에게
는 예언함을, 어떤 사람에게는 영들 분별함을, 다른 사람에게는 각종 방언 말함을,
어떤 사람에게는 방언들 통역함을 주시나니"

Q 나의 전 생애에 날 위해 이끄시고, 관여하시는 성령님을 공부하며 깨닫게 되는 감동과 도전은 무엇입니까?

Q 성령 하나님의 은혜를 생각하며 감사와 찬양의 고백을 드립니다.

04

성부, 성자, 성령 하나님은 한 분이신 하나님입니다

Q 나는 성부, 성자, 성령 하나님은 한 분이신 하나님이심을 믿습니까?

Q 성부, 성자, 성령 하나님께서 한 분이심을 표현하는 "삼위일체"의 뜻은 무엇입니까?

"삼위일체"의 뜻은 성부, 성자, 성령 하나님은 세 위격(person)을 가지고 계시지만, 이 세 위격은 완전히 동일한 본질을 가지며, 영원부터 영원까지 서로 내주하고 함께하시는 한 분 하나님이라는 뜻입니다.

창세기 1장 26절의 말씀을 함께 읽어봅니다!

"하나님이 이르시되 우리의 형상을 따라 우리의 모양대로 우리가 사람을 만들고 그들로 바다의 물고기와 하늘의 새와 가축과 온 땅과 땅에 기는 모든 것을 다스리게 하자 하시고"

이사야 48장 16절의 말씀을 함께 읽어봅니다!

"너희는 내게 가까이 나아와 이것을 들으라 내가 처음부터 비밀히 말하지 아니하였나니 그것이 있을 때부터 내가 거기에 있었노라 하셨느니라 이제는 주 여호와께서 나와 그의 영을 보내셨느니라."

마태복음 28장 19절의 말씀을 함께 읽어봅니다!

"그러므로 너희는 가서 모든 민족을 제자로 삼아 아버지와 아들과 성령의 이름으로 세례를 베풀고"

누가복음 3장 21-22절의 말씀을 함께 읽어봅니다!

"백성이 다 세례를 받을새 예수도 세례를 받으시고 기도하실 때에 하늘이 열리며 성령이 비둘기 같은 형체로 그의 위에 강림하시더니 하늘로부터 소리가 나기를 너는 내 사랑하는 아들이라 내가 너를 기뻐하노라 하시니라."

요한복음 10장 30절의 말씀을 함께 읽어봅니다!

"나와 아버지는 하나이니라 하신대"

요한복음 14장 16-17절의 말씀을 함께 읽어봅니다!

"내가 아버지께 구하겠으니 그가 또 다른 보혜사를 너희에게 주사 영원토록 너희
와 함께 있게 하리니 그는 진리의 영이라 세상은 능히 그를 받지 못하나니 이는 그
를 보지도 못하고 알지도 못함이라 그러나 너희는 그를 아나니 그는 너희와 함께
거하심이요 또 너희 속에 계시겠음이라."

고린도후서 13장 13절의 말씀을 함께 읽어봅니다!

"주 예수 그리스도의 은혜와 하나님의 사랑과 성령의 교통하심이 너희 무리와 함
께 있을지어다."

에베소서 4장 4-6절의 말씀을 함께 읽어봅니다!

"몸도 하나요 성령도 한 분이시니 이와 같이 너희가 부르심의 한 소망 안에서 부르
심을 받았느니라 주도 한 분이시요 믿음도 하나요 세례도 하나요 하나님도 한 분
이시니 곧 만유의 아버지시라 만유 위에 계시고 만유를 통일하시고 만유 가운데
계시도다."

빌립보서 2장 6절의 말씀을 함께 읽어봅니다!

"그는 근본 하나님의 본체시나 하나님과 동등됨을 취할 것으로 여기지 아니하시고"

❶ 오늘의 교육을 통해 새롭게 알고 느끼고 깨닫게 된 점은 무엇입니까?

❷ 나의 교회 교육에 구체적으로 적용할 점은 무엇입니까?

❸ 우리 교회 부서 교육에서 새롭게 실천해야 할 점은 무엇입니까?

2과

복음

예수님께서 인간의 모든 죄의 값을

대신 치르시기 위해 십자가에서 돌아가셨고,

사흘 만에 부활하셨습니다.

목표

1. 성경에서 말하는 죄가 무엇인지를 알아봅니다.

2. 우리 스스로의 노력으로는 죄의 문제가 해결될 수 없는 이유가 무엇인지를 알아봅니다.

3. 예수님께서 우리의 구원자가 되시는 이유가 무엇인지를 알아봅니다.

4. 예수님의 십자가와 부활이 어떤 의미인지를 알아봅니다.

5. 믿음이 무엇인지를 깨닫습니다.

안내

복음을 통해서 하나님께서 나를 얼마나 사랑하시는지를 깨닫고,
복음은 논리적인 체계로 진행된다는 점을 이해하고,
복음을 전인격적으로 받아들일 수 있도록 인도합니다.
더 나아가 아이들에게 복음을 차근차근 논리적으로
설명해 줄 수 있는 능력을 갖추도록 인도합니다.

01

복음의 시작은 인간은 죄인임을 깨닫는 것입니다

1) 인간은 모두 죄인입니다.

Q 나는 죄인이라는 사실을 언제 주로 깨닫습니까?

나는 죄인임을 인정하는 것이 복음의 시작입니다. 로마서 3장 23절에는 "모든 사람이 죄를 범하였으매 하나님의 영광에 이르지 못하더니"라고 나옵니다. 한 명의 예외도 없이 모든 사람은 죄인인 것입니다. 중요한 것은 성경 안에서 죄를 어떻게 규정하고 있는지를 아는 것입니다. 성경에서 나오는 죄의 내용을 이해해야 합니다.

2) 성경에서 나오는 첫 번째 죄의 내용은 바로 원죄입니다.

창세기 3장 5절 말씀을 함께 읽어봅니다!
"너희가 그것을 먹는 날에는 너희 눈이 밝아져 하나님과 같이 되어 선악을 알 줄
하나님이 아심이니라."

첫 사람 아담은 하나님께서 먹지 말라는 선악과를 따 먹었습니다. 원죄의 내용은 하나님과 같이 되는 것입니다. 선악을 알고 분별하는 것은 하나님의 능력입니다. 인간은 결국 선악과를 따 먹었기에 하나님과 같이 되려는 본성이 있고, 그것이 바로 "교만"입니다. 그리고 자꾸 선악을 분별하려고 해서 자기의 기준으로 다른 사람을 비판하고 정죄합니다.

Q 내 삶에서 하나님과 같이 되려는 원죄가 느껴지는 때는 주로 언제입니까?

3) 성경에서 나오는 두 번째 죄의 내용은 바로 하나님을 모르는 죄입니다.

요한복음 3장 18절의 말씀을 함께 읽어봅니다!
"그를 믿는 자는 심판을 받지 아니하는 것이요 믿지 아니하는 자는 하나님의 독생
자의 이름을 믿지 아니하므로 벌써 심판을 받은 것이니라."

자신을 이 세상에 태어나게 한 부모를 부모로 인정하지 않는 것은 인간이 저지를 수 있는 가장 큰 불효라고 할 수 있습니다. 그것은 곧 부모의 삶과 그 존재의

의미를 부정하는 일이기 때문입니다. 이와 같이 우리를 지으신 하나님을 믿지 못하고 인정하지 않는 것 또한 가장 크고 무서운 죄입니다.

4) 성경에서 나오는 세 번째 죄의 내용은 바로 다른 사람에게 행동으로 피해를 입히는 죄입니다. 달리 말하면 윤리적이고 도덕적인 죄입니다.

출애굽기 20장 13-17절의 말씀을 함께 읽어봅니다!
"살인하지 말라 간음하지 말라 도둑질하지 말라 네 이웃에 대하여 거짓 증거하지 말라 네 이웃의 집을 탐내지 말라 네 이웃의 아내나 그의 남종이나 그의 여종이나 그의 소나 그의 나귀나 무릇 네 이웃의 소유를 탐내지 말라."

행동으로 다른 사람에게 손해를 주는 죄는 하나님을 믿는 자뿐만 아니라, 하나님을 믿지 않는 자도 인정하는 죄입니다. 즉, 양심이 있는 인간이라면 인정하게 되는 죄입니다.

Q 왜 행동으로 짓는 죄는 하나님을 믿지 않는 자들도 죄라고 인정하는 것일까요? (롬2:15,
양심)

5) 성경에서 나오는 네 번째 죄의 내용은 바로 마음으로 짓는 죄입니다.

마태복음 5장 28절의 말씀을 함께 읽어봅니다!
"나는 너희에게 이르노니 음욕을 품고 여자를 보는 자마다 마음에 이미 간음하였
느니라"

행동으로 죄를 짓지 않아도 마음으로 죄를 지으면 행동으로 지은 것과 똑같은
죄라고 예수님께서 말씀하십니다. 마음으로 짓는 죄에서 자유할 사람은 아무
도 없을 것입니다. 성경은 우리가 죄인일 수밖에 분명히 합니다.

Q 요즘 내 마음 속에서 주로 짓는 죄는 무엇입니까?

6) 죄의 결과는 사망입니다.

로마서 5장 12절의 말씀을 함께 읽어봅니다!

"그러므로 한 사람으로 말미암아 죄가 세상에 들어오고 죄로 말미암아 사망이 들
어왔나니 이와 같이 모든 사람이 죄를 지었으므로 사망이 모든 사람에게 이르렀
느니라."

첫 사람 아담으로 인해 죄가 세상에 들어왔고, 그 결과 우리도 그 원죄를 가지고 살게 되었습니다. 아담이 인간의 대표로서 죄를 지었기에 우리도 죄성을 가진 죄인인 것입니다. 이것이 "대표성의 원리"입니다. 원죄를 가진 인간은 이 세상에 살면서 죄를 짓고 사는데, 그 결과는 바로 사망입니다. 영원한 죽음을 뜻하는 것입니다.

Q 죄의 결과는 사망이라는 말을 들을 때 어떤 느낌과 생각이 듭니까?

인간 스스로 죄의 문제를 해결할 방법은 없습니다

1) 인간은 죄의 문제를 해결하기 위해서 선행(착한 일)을 합니다.

야고보서 2장 10절의 말씀을 함께 읽어봅니다!
"누구든지 온 율법을 지키다가 그 하나를 범하면 모두 범한 자가 되나니"

온 율법을 지키다가 하나라도 어기면 모두 어기는 것이 된다는 것이 성경의 가르침입니다. 예를 들어, 오늘 온종일 선한 행동, 선한 생각, 선한 말을 하고 살았는데, 잠자기 전에 화가 나서 가족에게 분노를 표출했다면 온종일 했던 선한 행동, 선한 생각, 선한 말이 의미가 없어지고 물거품이 되는 것입니다. 성경에서 선행을 하면 죄의 문제를 해결할 수 있다고 말하는 구절은 단 한 군데도 나오지 않습니다. 그리고 도대체 선행을 몇 개를 해야 내 죄가 다 없어지는지에 대한 내용도 당연히 성경에 나오지 않습니다. 그동안의 선행이 죄를 상쇄해 주는 것이 절대 아니기 때문입니다. 선행을 하면, 그에 대한 보상 심리로 뭔가 자신이 선해진 것과 같은 착각이 드는 것뿐입니다.

2) 인간은 죄의 문제를 해결하기 위해서 내면의 욕심을 없애려고 노력합니다.

예레미야 17장 9절의 말씀을 함께 읽어봅니다!
"만물보다 거짓되고 심히 부패한 것은 마음이라 누가 능히 이를 알리요마는"

인간은 자기 내면의 욕심을 없애려고 부단히 노력합니다. 고행하고, 수행하면서 마음속 욕심을 제거하려고 합니다. 그러나 인간의 본질이 변하지 않는 이상, 마음속 욕심의 문제에서 자유로울 수 없습니다. 예를 들어, 흙탕물을 가만히 두면 흙이 가라앉으면서 겉으로는 깨끗한 물처럼 보입니다. 이것은 마치 고행하고 수행한 사람의 모습으로 비유할 수 있습니다. 그러나 흙탕물의 본질이 바뀐 것은 아닙니다. 여전히 이 물은 마실 수 없는 흙탕물입니다. 고행과 수행을 한 사람이라고 해도 욕심이 없어진 것이 아니라, 욕심이 내면 아래에 가라앉아 있는 것뿐입니다. 흙이 아래에 가라앉아 있기 때문에 흙탕물을 흔들면 아래에서 흙이 올라와서 다시 누런색의 흙탕물로 바뀌는 것입니다.

마찬가지로 어떠한 이유로 인해 마음속 욕심이 자극되는 일이 발생하면 다시 욕심이 올라와서 나를 지배하게 됩니다. 수행과 고행으로는 죄성을 가진 인간의 본성을 바꿀 수 없고, 죄의 문제를 해결할 수 없습니다. 이것은 단순히 억제의 문제가 아니라 본성의 문제이기 때문입니다.

Q 내 안에 있는 욕심을 없애기 위해 어떤 노력을 해 보았습니까?

3) 인간 스스로 죄를 없애고 의로워지려는 행위는 의미가 없습니다.

이사야 64장 6절의 말씀을 함께 읽어봅니다!

"무릇 우리는 다 부정한 자 같아서 우리의 의는 다 더러운 옷 같으며 우리는 다 잎 사귀같이 시들므로 우리의 죄악이 바람 같이 우리를 몰아가나이다."

우리가 스스로 의로워지려는 행위(선행, 고행, 철학, 타 종교 등)는 다 더러운 옷 같습 니다. 그리고 다 잎사귀같이 시들게 되는 쓸모없는 일입니다. 인간은 죄를 없애 기 위해 발버둥을 치지만, 스스로 죄의 문제를 해결할 방법은 결단코 없습니다.

Q 나는 스스로 내 죄의 문제를 해결할 수 있다는 생각을 가져본 적이 있습니까?

예수님만이 죄의 문제를 해결해 주실 수 있는 유일한 구원자입니다

1) 하나님은 우리 인간을 사랑하셔서 하나밖에 없는 독생자 예수님을 우리의 죄를 씻어 주실 구원자로 이 땅에 보내셨습니다.

요한복음 3장 16절의 말씀을 함께 읽어봅니다!
"하나님이 세상을 이처럼 사랑하사 독생자를 주셨으니 이는 그를 믿는 자마다 멸
망하지 않고 영생을 얻게 하려 하심이라."

로마서 5장 8절의 말씀을 함께 읽어봅니다!
"우리가 아직 죄인 되었을 때에 그리스도께서 우리를 위하여 죽으심으로 하나님
께서 우리에 대한 자기의 사랑을 확증하셨느니라."

인간 스스로는 도저히 죄를 씻을 수 있는 방법이 없기에 하나님께서 친히 죄를 씻을 수 있는 방법을 마련해 주신 것입니다. 그 이유는 우리 인간을 뜨겁게 사랑하시기 때문입니다. 그 사랑 때문에 자기 자신을 희생하기로 결정하셨습니다.

Q 하나님께서 언제 나를 뜨겁게 사랑하고 계심을 느끼십니까?

2) 예수님은 인간의 죄의 값을 대신 치르기 위해 십자가에서 돌아가셨습니다.

로마서 6장 23절의 말씀을 함께 읽어봅니다!

"죄의 삯은 사망이요 하나님의 은사는 그리스도 예수 우리 주 안에 있는 영생이니라."

죄의 값을 치르기 위해서는 반드시 죽음이 필요합니다. 예수님은 인간의 죄의 값을 대신 치르시기 위해(대속) 인간의 모든 죄를 다 짊어지시고 십자가에서 죽으셨습니다. 하나님께서는 우리 인간을 사랑하셔서 우리를 차마 죽이지 못하시고, 우리 인간의 모든 죄를 예수님에게 뒤집어씌우시어(전가), 죄의 값을 치르게 하기 위해 십자가에서 죽게 하셨습니다. 이로써 죄가 있으면 반드시 벌을 내려야 한다는 하나님의 공의를 이루셨습니다. 그래서 십자가는 하나님의 사랑과 하나님의 공의가 만나는 자리입니다.

Q 예수님의 십자가 죽음과 인간의 죄 씻음은 어떤 연관성을 가집니까?

 십자가는 오늘 나의 신앙에 어떤 의미를 갖고 있습니까?

3) 예수님은 100% 하나님이시면서, 100% 인간이십니다.

히브리서 4장 15절의 말씀을 함께 읽어봅니다!
"우리에게 있는 대제사장은 우리의 연약함을 동정하지 못하실 이가 아니요 모든
일에 우리와 똑같이 시험을 받으신 이로되 죄는 없으시니라."

예수님은 인간의 죄의 값을 대신 치르시기 위해 인간으로 오셨습니다. 그래서 예수님은 100% 인간입니다. 그런데 예수님이 인간이시기만 하면 안 되는 이유는 로마서 3장 23절에 나오듯이 모든 사람은 죄인이기 때문입니다. 예수님이 인간이시기만 하면 예수님도 죄인이 되는 오류가 발생합니다. 그래서 예수님은 죄가 없으셔야 하기 때문에 100% 하나님이신 것입니다. 정리하면 인간의 죄의 값을 대신 치르시기 위해 예수님은 100% 인간이시고, 죄가 없으셔야 하기 때문에 100% 하나님이신 것입니다.

 하나님이시면서 동시에 인간으로 이 땅을 사신 예수님의 삶은 어떠했을까요?

3) 예수님께서 부활하심으로 말미암아 인간의 모든 죄의 값이 치러졌다는 증명이 되었습니다.

고린도전서 15장 3-4절의 말씀을 함께 읽어봅니다!

"내가 받은 것을 먼저 너희에게 전하였노니 이는 성경대로 그리스도께서 우리 죄를 위하여 죽으시고 장사 지낸 바 되셨다가 성경대로 사흘 만에 다시 살아나사"

예수님께서는 십자가에서 돌아가시고, 사흘 만에 다시 살아나셨습니다. 로마서 6장 23절에 근거하면 죄의 값은 사망인데, 죄의 값이 치러졌으면 사망의 반대인 생명이 오는 것입니다. 이 생명이 바로 부활입니다. 그래서 부활은 두 가지를 증명합니다. 첫 번째는 인간의 모든 죄의 값이 치러졌다는 증명이고, 두 번째는 예수님께서 죄가 없으신 분이라는 증명입니다. 만약 예수님께서 죄가 있으신 분이셨다면 다시 살아나지 못하셨을 것입니다.

Q 예수님의 부활은 나에게 어떤 의미를 가집니까?

04

예수님을 믿으면 죄의 문제를 해결하고 구원을 받습니다

1) 죄의 문제를 해결하면 구원을 받는데, 그 구원은 바로 영원한 생명입니다.

요한복음 5장 24절의 말씀을 함께 읽어봅니다!

"내가 진실로 진실로 너희에게 이르노니 내 말을 듣고 또 나 보내신 이를 믿는 자는 영생을 얻었고 심판에 이르지 아니하나니 사망에서 생명으로 옮겼느니라,"

구원은 죄의 문제를 해결해서 사망에서 생명으로 옮겨지는 것입니다. 그래서 구원을 다른 말로 하면 영원한 생명(영생)입니다.

Q 내가 영원히 살 수 있다는 말을 듣는다면 어떤 기분과 느낌이 들까요?

2) 하나님은 구원이라는 선물을 우리에게 주시기 원합니다.

에베소서 2장 8-9절의 말씀을 함께 읽어봅니다!

"너희는 그 은혜에 의하여 믿음으로 말미암아 구원을 받았으니 이것은 너희에게
서 난 것이 아니요 하나님의 선물이라 행위에서 난 것이 아니니 이는 누구든지 자
랑하지 못하게 함이라."

하나님께서 우리에게 공짜 선물을 주시기 원합니다. 공짜 선물을 기독교 용어
로 바꾸면 "은혜"입니다. 그리고 이 공짜 선물의 내용이 구원, 즉 영원한 생명입
니다. 이것은 나의 어떠한 의로운 행위 때문에 주시는 것이 아니라, 무조건적인
하나님의 공짜 선물, 은혜입니다. 하나님께서는 모든 사람에게 차별 없이 이 공
짜 선물을 내밀어 주십니다.

Q 누군가가 나에게 엄청난 공짜 선물을 준다면, 어떤 마음이 들까요?

3) 하나님께서 주시는 공짜 선물을 받는 것이 믿음입니다.

요한복음 1장 12절의 말씀을 함께 읽어봅니다!

"영접하는 자 곧 그 이름을 믿는 자들에게는 하나님의 자녀가 되는 권세를 주셨으니"

하나님께서는 모든 인간에게 공짜 선물을 내미시는데, 어떤 사람은 그 선물을
받아서 구원을 받고, 어떤 사람은 받지 않아서 구원을 받지 못합니다.

요한계시록 3장 20절의 말씀을 함께 읽어봅니다!

"볼지어다 내가 문 밖에 서서 두드리노니 누구든지 내 음성을 듣고 문을 열면 내가
   그에게로 들어가 그와 더불어 먹고 그는 나와 더불어 먹으리라."

믿음은 영접입니다. 믿는 것이 영접하는 것입니다. 영접하는 것은 마음 문을 열고 귀하게 받아들이는 것입니다. 예수님의 이름을 귀하게 받아들이고, 예수님께서 나의 모든 죄를 씻어주신 유일한 구원자 되심을 귀하게 받아들이고, 예수님께서 나의 모든 죄를 씻어주심으로 말미암아 나는 하나님의 자녀가 되었고, 영원한 생명인 구원을 받게 되었다는 사실을 귀하게 받아들이는 것입니다.

Q 나는 유일한 구원자 예수님께서 나의 모든 죄를 씻어주심으로 말미암아 하나님의 자녀가 되었고, 영원한 생명인 구원을 받게 되었음을 귀하게 받아들입니까?

4) 믿음이 있으면, 나의 구원은 보장됩니다.

요한복음 10장 28-29절의 말씀을 함께 읽어봅니다!

"내가 그들에게 영생을 주노니 영원히 멸망하지 아니할 것이요 또 그들을 내 손에
   서 빼앗을 자가 없느니라 그들을 주신 내 아버지는 만물보다 크시매 아무도 아버
   지 손에서 빼앗을 수 없느니라"

영원한 생명은 하나님께서 주신 것입니다. 나에게 믿음이 있으면 영원한 생명은 보장됩니다. 그 누구도 나에게서 이 영원한 생명을 빼앗아 갈 수 없습니다.

Q 나는 하나님께서 주시는 영원한 생명이 보장됨을 믿습니까?

1 오늘의 교육을 통해 새롭게 알고 느끼고 깨닫게 된 점은 무엇입니까?

2 나의 교회 교육에 구체적으로 적용할 점은 무엇입니까?

3 우리 교회 부서 교육에서 새롭게 실천해야 할 점은 무엇입니까?

3과

성경

성경은 지금도 역사하시는

하나님의 말씀입니다.

1. 성경이 왜 하나님의 말씀인지 알아봅니다.

2. 성경의 구조에 관해서 알아봅니다.

3. 성경의 역사에 관해서 알아봅니다.

4. 성경을 통해 어떤 유익을 얻을 수 있는지를 깨닫고 이해합니다.

5. 성경을 알기 위한 방법을 알아봅니다.

안내

하나님께서 우리에게 선물로 주신 하나님의 말씀인 성경이 지금도 살아계신 하나님의 말씀임을 온전히 받아들일 수 있도록 인도합니다. 그리고 성경이 왜 하나님의 말씀인지를 성경을 통해서 알아보고, 성경의 구조와 역사에 대해서 자세히 이해할 수 있도록 인도합니다. 또한, 성경을 통해 얻을 수 있는 유익을 정리하고, 성경을 자세히 알기 위한 방법을 알 수 있도록 인도합니다. 더 나아가 우리 아이들에게 성경이 어떤 책인지를 쉽게 알려주고, 우리 아이들이 성경을 사랑하고 성경을 가까이할 수 있는 마음을 가질 수 있도록 안내하는 능력을 갖추도록 인도합니다.

성경은 살아계신 하나님의 말씀입니다

Q 나는 얼마나 자주 성경을 읽고 묵상하고 있습니까?

Q 나의 어떤 마음가짐과 생각을 가지며 성경을 대하고 있습니까?

Q 성경은 누가 쓰셨습니까?

디모데후서 3장 16절의 말씀을 함께 읽어봅니다!

"모든 성경은 하나님의 감동으로 된 것으로 교훈과 책망과 바르게 함과 의로 교육
하기에 유익하니"

베드로후서 1장 20-21절의 말씀을 함께 읽어봅니다!

"먼저 알 것은 성경의 모든 예언은 사사로이 풀 것이 아니니 예언은 언제든지 사람
의 뜻으로 낸 것이 아니요 오직 성령의 감동하심을 받은 사람들이 하나님께 받아
말한 것임이라."

성경은 약 1500년에 걸쳐서 성령의 감동하심을 받은 40여 명의 다양한 저자들이 하나님의 도구가 되어 기록하였습니다. 그러므로 모든 성경은 하나님의 감동으로 쓰여진, 궁극적으로는 하나님께서 저자이십니다. 하나님의 감동으로 되었다는 것을 달리 번역하면 하나님의 입김이 쐬어졌다는 것입니다. 그래서 성경은 통일되고 일관된 내용을 담고 있습니다. 성경의 주인공은 하나님이시고, 성경 전체를 흐르고 있는 통일되고 일관된 주제는 바로 하나님의 구원 역사입니다.

Q 나는 성경이 지금도 살아 역사하시는 하나님의 말씀임을 분명히 믿습니까?

히브리서 4장 12절의 말씀을 함께 읽어봅니다!

"하나님의 말씀은 살아 있고 활력이 있어 좌우에 날선 어떤 검보다도 예리하여 혼
과 영과 및 관절과 골수를 찔러 쪼개기까지 하며 또 마음의 생각과 뜻을 판단하
나니"

성경은 인간의 역사 가운데서 나온 수많은 책들 중에서 가장 많은 언어로 번역된 책이고, 수많은 사람들을 변화시킨 역사상 최고의 베스트셀러입니다. 성경은 지금도 살아계신 하나님의 말씀이기에 성경을 읽는 사람들은 놀라운 변화를 경험하게 됩니다.

02

성경의 구조와 역사는 어떻게 될까요?

Q 성경은 몇 권으로 구성되어 있고, 어떤 언어로 기록되어 있습니까?

성경은 Testament(테스터먼트), Covenant(커버넌트) 약속을 의미합니다. 성경은 구약과 신약으로 구분합니다. 구약은 옛날 약속으로 예수님께서 오신다는 약속이고, 39권으로 구성되어 있으며 히브리어로 기록되어 있습니다. 신약은 새로운 약속으로 예수님 오신 이후 예수님께서 재림하신다는 약속이고, 27권으로 구성되어 있으며 헬라어로 기록되어 있고, 아람어도 일부 나옵니다.

Q 성경의 구조는 어떻게 되어 있나요?

히브리 성경은 율법서(토라), 예언서(느비임), 성문서(케투빔)로 구성됩니다. 예언서 안에 역사서도 들어갑니다.

한글 번역 성경(구약)은 율법서, 역사서, 시가서, 예언서로 구성됩니다. 과거, 현재, 미래의 흐름으로 구조를 잡은 것입니다. 율법서에 들어가는 성경책은 '창세기', '출애굽기', '레위기', '민수기', '신명기'이고, 역사서는 두 부분으로 나눌 수 있는데, 하나는 '신명기' 역사서이고, 다른 하나는 '역대기' 역사서입니다. '신명기' 역사서에 들어가는 성경책은 '여호수아', '사사기', '룻기', '사무엘상', '사무엘하', '열왕기상', '열왕기하'이고, '역대기' 역사서에 들어가는 성경책은 '역대상', '역대하', '에스라', '느헤미야', '에스더'입니다. 시가서에 들어가는 성경책은 '욥기', '시편', '잠언', '전도서', '아가'입니다. 예언서는 두 부분으로 나눌 수 있는데, 하나는 4대 예언서, 다른 하나는 12소예언서입니다. 분량이 많아서 '대'이고, 분량이 적어서 '소'입니다. 그래서 4대 예언서에 들어가는 성경책은 '이사야', '예레미야', '에스겔', '다니엘'인데, 여기서 '예레미야애가'는 '예레미야'에 포함해서 분류할 수 있습니다, 12소예언서에 들어가는 성경책은 '호세아', '요엘', '아모스', '오바댜', '요나', '미가', '나훔', '하박국', '스바냐', '학개', '스가랴', '말라기'입니다.

70인역은 히브리어 성경을 헬라어로 번역한 헬라어 성경인데, 72명 정도의 학자가 번역했다고 해서 붙여진 것입니다. 흥미로운 것은 70인역의 분량은 히브리 성경의 분량보다 많아서 53권이 됩니다.

우리가 쓰는 개신교 성경(한글 번역 성경 포함)의 분량은 히브리 성경을 근거로 하는 것이고, 배열은 70인역을 근거로 율법서, 역사서, 시가서, 예언서로 했습니다. 그래서 개신교에서는 히브리 성경에는 나오지 않고 70인역에만 나오는 책들을 외경이라고 표현합니다.

신약은 복음서, 역사서, 서신서, 예언서로 구성됩니다. 복음서에 들어가는 성경책은 '마태복음', '마가복음', '누가복음', '요한복음'으로 예수님의 생애와 가르침이 들어 있습니다. 역사서에 들어가는 성경책은 '사도행전'으로 예수님 승천 이후 초대 교회의 역사와 선교의 내용을 담고 있습니다. 당시의 기독교인들을 가르치고, 교회를 온전히 세워가기 위해 보낸 서신서에 들어가는 성경책은 바울서신과 일반서신으로 나누어집니다. 바울서신에 들어가는 성경책은 '로마서', '고린도전서', '고린도후서', '갈라디아서', '에베소서', '빌립보서', '골로새서', '데살로니가전서', '데살로니가후서', '디모데전서', '디모데후서', '디도서', '빌레몬서'이고, 공동서신에 들어가는 책은 '히브리서', '야고보서', '베드로전서', '베드로후서', '요한일서', '요한이서', '요한삼서', '유다서'입니다. 마지막으로 예언서에 들어가는 책은 '요한계시록'입니다.

Q 성경의 역사를 시대순으로 정리하면 어떻게 될까요?

창조시대 : 하나님께서 온 세상과 만물을 창조하신 역사

족장시대 : 아브라함, 이삭, 야곱, 요셉의 역사

춤애굽과 광야시대 : 하나님께서 모세를 통해서 이스라엘 백성들을 이집트에서 나오게 하신 역사, 이스라엘 백성들을 바로 가나안땅 들어가게 하지 않으시고, 그들을 하나님의 온전한 자녀로 만드시기 위해 광야에서 40년 동안 훈련 시키신 역사

정복시대 : 모세의 후계자였던 여호수아가 이스라엘 백성들과 함께 가나안 땅을 정복하는 역사, 가나안 땅을 정복하고 지파별로 땅을 분배해서 '지파시대'가 열림

지파시대(사사시대) : 왕이 없던 지파 연합 시대로서, 하나님께서 사사를 세우셔서 이스라엘을 구원하시고 인도하시는 역사

단일왕국시대 : 사울 왕, 다윗 왕, 솔로몬 왕의 역사

분열왕국시대 : 북이스라엘과 남유다로 나누어져서 진행되는 역사, 북이스라엘은 앗수르에 의해서 망하고, 남유다는 바벨론에 의해서 망함

포로시대 : 남유다 멸망 후에 백성들이 바벨론으로 끌려가는 역사

포로귀환시대 : 바벨론 포로기 70년이 지난 후 다시 고향 땅으로 돌아오게 되는 역사

신구약중간기 : 구약성경의 마지막 역사와 신약성경의 시작 역사 사이에 약 400년의 공백기가 있음

예수 그리스도의 시대 : 예수 그리스도께서 인간을 구원하시기 위해 이 세상에 오셔서 활동하시는 역사

교회 시대 : 예수님 승천 이후 성령님께서 오셔서 교회가 세워지고, 복음이 땅끝까지 증거되는 역사

종말-완성 시대 : 세상의 종말이 오고, 예수님께서 재림하셔서, 새 하늘과 새 땅이 이루어지는 하나님의 역사가 완성되는 시대

03

성경을 통해 어떤 유익을 얻을 수 있습니까?

1) 하나님을 알게 됩니다.

요한복음 5장 39절을 말씀을 함께 읽어봅니다!

"너희가 성경에서 영생을 얻는 줄 생각하고 성경을 연구하거니와 이 성경이 곧 내게 대하여 증언하는 것이니라."

누가복음 24장 27절의 말씀을 함께 읽어봅니다!

"이에 모세와 모든 선지자의 글로 시작하여 모든 성경에 쓴 바 자기에 관한 것을 자세히 설명하시니라."

성경의 주인공은 하나님이십니다. 성경을 통해 삼위일체 하나님을 알 수 있게 됩니다. 하나님은 어떤 분이신지 하나님의 성품도 알 수 있고, 하나님께서 언제, 어떻게 역사하시고 일하시는지도 알 수 있습니다.

2) 구원을 받도록 인도합니다.

베드로전서 2장 2절의 말씀을 함께 읽어봅니다!
"갓난 아기들 같이 순전하고 신령한 젖을 사모하라 이는 그로 말미암아 너희로 구
원에 이르도록 자라게 하려 함이라."

디모데후서 3장 15절의 말씀을 함께 읽어봅니다!
"또 어려서부터 성경을 알았나니 성경은 능히 너로 하여금 그리스도 예수 안에 있
는 믿음으로 말미암아 구원에 이르는 지혜가 있게 하느니라."

3) 믿음을 자라게 합니다.

로마서 10장 17절의 말씀을 함께 읽어봅니다!
"그러므로 믿음은 들음에서 나며 들음은 그리스도의 말씀으로 말미암았느니라."

4) 고난 중에 위로를 받고 소망을 얻게 됩니다.

로마서 15장 4절의 말씀을 함께 읽어봅니다!
"무엇이든지 전에 기록된 바는 우리의 교훈을 위하여 기록된 것이니 우리로 하여
금 인내로 또는 성경의 위로로 소망을 가지게 함이니라."

5) 하나님께서 기뻐하시는 일을 행할 능력을 갖추게 하여 온전한 하나님의 사람으로 자라게 합니다.

디모데후서 3장 17절의 말씀을 함께 읽어봅니다!
"이는 하나님의 사람으로 온전하게 하며 모든 선한 일을 행할 능력을 갖추게 하려
함이라."

6) 나의 삶의 기준과 지침을 제공해 줍니다.

시편 119편 105절의 말씀을 함께 읽어봅니다!

"주의 말씀은 내 발에 등이요 내 길에 빛이니이다."

Q 나는 현재 성경을 통해 어떤 유익을 얻고 있습니까?

Q 성경이 신앙의 기준이 된다는 것은 신앙생활에서 무엇을 의미합니까?

04

성경을 알기 위해서는 어떻게 해야 합니까?

1) 성경을 읽으면 됩니다.

신명기 17장 19절의 말씀을 함께 읽어봅니다!

"평생에 자기 옆에 두고 읽어 그의 하나님 여호와 경외하기를 배우며 이 율법의 모
든 말과 이 규례를 지켜 행할 것이라."

Q 성경을 읽기 위한 나의 구체적인 결심을 나눠봅니다!

2) 성경을 듣고 지키면 됩니다.

누가복음 11장 28절의 말씀을 함께 읽어봅니다!

"예수께서 이르시되 오히려 하나님의 말씀을 듣고 지키는 자가 복이 있느니라 하
시니라."

 성경을 듣고 지키기 위한 나의 구체적인 결심을 나눠봅니다!

3) 성경을 묵상하면 됩니다.

시편 1편 2절의 말씀을 함께 읽어봅니다!

"오직 여호와의 율법을 즐거워하여 그의 율법을 주야로 묵상하는도다."

 성경을 묵상하기 위한 나의 구체적인 결심을 나눠봅니다!

4) 성경을 공부하고 연구하면 됩니다.

에스라 7장 10절의 말씀을 함께 읽어봅니다!

"에스라가 여호와의 율법을 연구하여 준행하며 율례와 규례를 이스라엘에게 가르
치기로 결심하였었더라."

 성경을 공부하고 연구하기 위한 나의 구체적인 결심을 나눠봅니다!

5) 성경을 암송하면 됩니다.

시편 119편 11절의 말씀을 함께 읽어봅니다!
"내가 주께 범죄하지 아니하려 하여 주의 말씀을 내 마음에 두었나이다."

Q 성경을 암송하기 위한 나의 구체적인 결심을 나눠봅니다!

6) 성경을 필사하면 됩니다.

예레미야 30장 2절의 말씀을 함께 읽어봅니다!
"이스라엘의 하나님 여호와께서 이와 같이 말씀하여 이르시기를 내가 네게 일러
준 모든 말을 책에 기록하라."

Q 성경을 필사하기 위한 나의 구체적인 결심을 나눠봅니다!

1 오늘의 교육을 통해 새롭게 알고 느끼고 깨닫게 된 점은 무엇입니까?

2 나의 교회 교육에 구체적으로 적용할 점은 무엇입니까?

3 우리 교회 부서 교육에서 새롭게 실천해야 할 점은 무엇입니까?

교회

하나님께서 교회를 세우셨습니다.

목표

1. 교회의 정의를 알아봅니다.

2. 교회를 누가 세우셨는지 알아봅니다.

3. 교회는 어떤 일을 하는 곳인지 알아봅니다.

4. 교회 안에 어떤 직분자가 있는지 알아봅니다.

5. 좋은 교회는 어떤 교회인지 알아봅니다.

안내

하나님께서 예수 그리스도를 통해서 우리에게 교회를 주셨음을 정확하게 알고, 교회가 얼마나 귀한 공동체인지를 깨달을 수 있도록 인도합니다. 그리고 교회는 어떤 일을 하는 곳인지를 알아가고, 교회의 리더로서 직분자들을 세워주신 하나님의 뜻을 이해하며, 좋은 교회는 어떤 교회인지를 정리할 수 있도록 인도합니다. 더 나아가 우리 아이들의 눈높이에 맞도록 쉽게 교회를 알려주고, 교회를 사랑하는 마음을 가질 수 있는 아이들로 키울 수 있는 능력을 갖추도록 인도합니다.

01

교회는 공동체입니다

Q "교회"의 정의는 무엇입니까?

Q 내가 교회를 다니게 된 동기가 어떻게 되는지 나눠봅니다!

Q 나는 교회를 얼마만큼 사랑한다고 생각합니까?

교회는 헬라어로 "에클레시아(ἐκκλησία)"입니다. 세상에서 구별되어 부름받은 공동체를 뜻하는 것입니다. 세상의 죄악으로부터 빠져나온 사람들입니다. 그래서 교회는 눈에 보이는 건물을 말하는 것이 아니라, 예수 그리스도를 구주로 믿고, 죄 사함을 받은 성도들을 의미하는 것입니다.

1) 교회는 그리스도 예수 안에서 거룩하여지고 "성도"라 부르심을 입은 자들의 모임입니다.

고린도전서 1장 2절 상반절을 함께 읽어봅니다!

"고린도에 있는 하나님의 교회 곧 그리스도 예수 안에서 거룩하여지고 성도라 부르심을 받은 자들과…"

2) 교회는 우리의 주 되신 예수 그리스도의 이름을 부르는 자들의 모임입니다.

고린도전서 1장 2절 하반절을 함께 읽어봅니다!

"…또 각처에서 우리의 주 곧 그들과 우리의 주 되신 예수 그리스도의 이름을 부르는 모든 자들에게"

3) 교회는 하나님의 긍휼을 얻은 하나님의 백성입니다.

베드로전서 2장 10절의 말씀을 함께 읽어봅니다!

"너희가 전에는 백성이 아니더니 이제는 하나님의 백성이요 전에는 긍휼을 얻지 못하였더니 이제는 긍휼을 얻은 자니라."

4) 한두 사람이 모여도 교회입니다.

마태복음 18장 20절의 말씀을 함께 읽어봅니다!
"두세 사람이 내 이름으로 모인 곳에는 나도 그들 중에 있느니라."

5) 교회는 공동체이지만, 그 공동체는 개인들이 모여서 구성되기에 성령님을 모시고 있는 성도 개인은 교회의 시작으로 볼 수 있습니다.

고린도전서 6장 19-20절의 말씀을 함께 읽어봅니다!
"너희 몸은 너희가 하나님께로부터 받은 바 너희 가운데 계신 성령의 전인 줄을 알지 못하느냐 너희는 너희 자신의 것이 아니라 값으로 산 것이 되었으니 그런즉 너희 몸으로 하나님께 영광을 돌리라."

Q 교회 공동체를 이루는 성도들을 우리는 지체라고 부릅니다(고전12:27). 건강한 몸(교회)을 이루기 위해서 내가 다른 지체들에게 실천해야 할 일은 무엇입니까?

02

교회는 하나님께서 세우셨습니다

Q 교회가 어떻게 세워지게 되었을까요?

예수님께서는 자신이 승천한 후에 이 땅에 교회를 세우실 것을 베드로에게 말씀하셨습니다.

마태복음 16장 18절의 말씀을 함께 읽어봅니다!

"또 내가 네게 이르노니 너는 베드로라 내가 이 반석 위에 내 교회를 세우리니 음부의 권세가 이기지 못하리라."

Q 교회와 예수님과의 관계는 어떻게 될까요?

에베소서 1장 22-23절의 말씀을 함께 읽어봅니다!

"또 만물을 그의 발 아래에 복종하게 하시고 그를 만물 위에 교회의 머리로 삼으셨
느니라 교회는 그의 몸이니 만물 안에서 만물을 충만하게 하시는 이의 충만함이
니라"

하나님께서 만물을 예수님 아래 복종하게 하시고, 예수님을 만물 위에 교회의 머리로 삼으셨습니다. 그래서 교회의 머리는 예수님, 예수님의 몸은 교회인 것입니다. 예수님께서 이 세상에서의 구원 사역을 마치시고 하늘로 승천하셨습니다. 예수님 승천 후 예수님의 몸과 같은 역할을 하는 존재가 교회입니다. 그리고 예수님께서 승천하신 후 10일 정도 지난 오순절에 예수님의 영인 성령님이 예수 믿는 공동체에 임하셨습니다. 그래서 교회는 예수님의 대리자입니다.

Q 내가 섬기고 있는 교회의 역사에 대해서 알아봅니다! 하나님께서 세우시고 인도하셨음을 깨닫게 됩니까?

교회는 예수님께서 하신 일을 재현하는 곳입니다

Q 교회에 가면 나는 어떤 일을 주로 합니까?

Q 예수님께서 이 땅에서 하신 일은 무엇입니까?

마태복음 4장 23절을 함께 읽어봅니다!

"예수께서 온 갈릴리에 두루 다니사 그들의 회당에서 가르치시며 천국 복음을 전
 파하시며 백성 중의 모든 병과 모든 약한 것을 고치시니"

예수님께서는 하나님의 말씀을 가르치시는 사역을 하셨고, 천국 복음을 전파
하시는 사역을 하셨고, 섬김과 치유 사역도 하셨습니다.

누가복음 4장 16절의 말씀을 함께 읽어봅니다!

"예수께서 그 자라나신 곳 나사렛에 이르사 안식일에 늘 하시던 대로 회당에 들어
 가사 성경을 읽으려고 서시매"

마가복음 1장 35절의 말씀을 함께 읽어봅니다!

"새벽 아직도 밝기 전에 예수께서 일어나 나가 한적한 곳으로 가사 거기서 기도하
 시더니"

예수님께서는 말씀을 읽고 기도하시면서 예배드리는 사역도 감당하셨습니다.

요한복음 3장 22절의 말씀을 함께 읽어봅니다!

"그 후에 예수께서 제자들과 유대 땅으로 가서 거기 함께 유하시며 세례를 베푸시
 더라."

마태복음 26장 26-28절의 말씀을 함께 읽어봅니다!

"그들이 먹을 때에 예수께서 떡을 가지사 축복하시고 떼어 제자들에게 주시며 이
 르시되 받아서 먹으라 이것은 내 몸이니라 하시고 또 잔을 가지사 감사 기도 하시
 고 그들에게 주시며 이르시되 너희가 다 이것을 마시라 이것은 죄 사함을 얻게 하
 려고 많은 사람을 위하여 흘리는 바 나의 피 곧 언약의 피니라."

예수님께서는 세례를 베푸시는 사역과 성찬을 제정하고 시행하는 사역을 하셨
습니다.

요한복음 13장 1절의 말씀을 함께 읽어봅니다!

"유월절 전에 예수께서 자기가 세상을 떠나 아버지께로 돌아가실 때가 이른 줄 아
시고 세상에 있는 자기 사람들을 사랑하시되 끝까지 사랑하시니라."

예수님께서는 사랑 안에서 끝까지 제자들과 교제하시는 사역을 하셨습니다.

Q 교회가 하는 일은 무엇입니까?

1) 초대교회 때부터 교회는 예수님의 사역을 재현했습니다.

사도행전 2장 42-47절의 말씀을 함께 읽어봅니다!

"그들이 사도의 가르침을 받아 서로 교제하고 떡을 떼며 오로지 기도하기를 힘쓰
니라 사람마다 두려워하는데 사도들로 말미암아 기사와 표적이 많이 나타나니
믿는 사람이 다 함께 있어 모든 물건을 서로 통용하고 또 재산과 소유를 팔아 각
사람의 필요를 따라 나눠 주며 날마다 마음을 같이하여 성전에 모이기를 힘쓰고
집에서 떡을 떼며 기쁨과 순전한 마음으로 음식을 먹고 하나님을 찬미하며 또 온
백성에게 칭송을 받으니 주께서 구원 받는 사람을 날마다 더하게 하시니라."

2) 예수님의 사역을 재현하기 위해 교회는 다섯 가지의 사역을 합니다.

① 예수님의 복음을 선포하고 땅끝까지 전파합니다: 케리그마(말씀의 선포과 전도)

마가복음 16장 15절의 말씀을 함께 읽어봅니다!
"또 이르시되 너희는 온 천하에 다니며 만민에게 복음을 전파하라."

② 하나님께 예배드리고 의식(세례와 성찬)을 행합니다: 레이투르기아(예배와 예전)

요한복음 4장 23-24절의 말씀을 함께 읽어봅니다!
"아버지께 참되게 예배하는 자들은 영과 진리로 예배할 때가 오나니 곧 이 때라 아버지께서는 자기에게 이렇게 예배하는 자들을 찾으시느니라 하나님은 영이시니 예배하는 자가 영과 진리로 예배할지니라."

③ 하나님의 말씀인 성경을 가르치고, 성도들이 성경의 말씀대로 살 수 있도록 훈련합니다: 디다케(가르침과 훈련)

마태복음 28장 20절의 말씀을 함께 읽어봅니다!
"내가 너희에게 분부한 모든 것을 가르쳐 지키게 하라 볼지어다 내가 세상 끝날까지 너희와 항상 함께 있으리라 하시니라."

④ 예수 그리스도 안에서 사랑의 교제를 합니다: 코이노니아(친교와 교제)

요한1서 1장 3절의 말씀을 함께 읽어봅니다!
"우리가 보고 들은 바를 너희에게도 전함은 너희로 우리와 사귐이 있게 하려 함이니 우리의 사귐은 아버지와 그의 아들 예수 그리스도와 더불어 누림이라."

⑤ 교회 안에서, 교회 밖에서 다양한 봉사를 합니다: 디아코니아(봉사와 섬김)

베드로전서 4장 10절의 말씀을 함께 읽어봅니다!
"각각 은사를 받은 대로 하나님의 여러 가지 은혜를 맡은 선한 청지기 같이 서로 봉사하라."

하나님께서는 직분자를 세우십니다

Q 교회 안에서 내가 맡은 직분은 무엇이고, 또 그 직분의 목적은 무엇입니까?

Q 내가 아는 직분에는 어떤 것이 있습니까?

교회 운영을 함에 있어서 리더들이 필요하게 되었습니다. 그래서 하나님께서는 교회 안에 직분자를 세우셨습니다. 초대 교회에는 직분자로서 사도, 장로, 감독, 집사, 선지자, 교사 등이 있었습니다. 현대 교회에서는 목사, 강도사, 전도사, 장로, 권사, 안수집사, 서리집사 등이 있습니다. 시대에 따라서 직분의 명칭과 역할은 바뀌어 왔습니다.

Q 하나님께서 왜 교회 안에 직분자를 세우실까요?

에베소서 4장 11-12절의 말씀을 함께 읽어봅니다!

"그가 어떤 사람은 사도로, 어떤 사람은 선지자로, 어떤 사람은 복음 전하는 자로, 어떤 사람은 목사와 교사로 삼으셨으니 이는 성도를 온전하게 하여 봉사의 일을 하게 하며 그리스도의 몸을 세우려 하심이라."

직분자들은 성도들을 사랑으로 섬기고, 그리스도의 몸인 교회를 묵묵히 세우는 역할을 합니다.

좋은 교회는 예수님의 성품이 가득한 교회입니다

Q 나는 좋은 교회의 조건을 무엇이라고 생각합니까?

교회는 예수님의 몸이기 때문에 좋은 교회는 예수님의 성품을 닮은 교회입니다.

Q 예수님의 성품은 무엇입니까?

갈라디아서 5장 22-23절의 말씀을 함께 읽어봅니다!

"오직 성령의 열매는 사랑과 희락과 화평과 오래 참음과 자비와 양선과 충성과 온
유와 절제니 이같은 것을 금지할 법이 없느니라."

예수님의 성품 9가지는 사랑, 희락, 화평, 오래 참음, 자비, 양선, 충성, 온유, 절
제입니다.

Q 예수님의 성품을 닮은 좋은 교회는 어떤 교회입니까?

좋은 교회는 성도들 사이에 무조건적인 사랑, 영적인 기쁨인 희락, 진정한 화
평, 참아낼 수 있는 인내인 오래참음, 진정한 자비인 용서, 선한 일을 실천하는
양선, 헌신하는 충성, 겸손함을 바탕으로 나오는 친절함인 온유, 나쁜 것을 끊
어내는 절제가 가득한 교회입니다. 좋은 교회는 예수님 안에서 성도들이 하나
가 되는 교회입니다.

고린도전서 12장 26-27절을 함께 읽어봅니다!

"만일 한 지체가 고통을 받으면 모든 지체가 함께 고통을 받고 한 지체가 영광을
얻으면 모든 지체가 함께 즐거워하느니라 너희는 그리스도의 몸이요 지체의 각
부분이라."

1 오늘의 교육을 통해 새롭게 알고 느끼고 깨닫게 된 점은 무엇입니까?

2 나의 교회 교육에 구체적으로 적용할 점은 무엇입니까?

3 우리 교회 부서 교육에서 새롭게 실천해야 할 점은 무엇입니까?

십계명

하나님께서는 우리에게
모세를 통해 십계명을 주셨습니다.

목표

1. 십계명이 무엇인지를 알아봅니다.

2. 하나님께서 주신 십계명의 핵심은 무엇인지 알아봅니다.

3. 하나님께서 명령하신 십계명의 순서를 알아봅니다.

4. 하나님께서 명령하신 십계명의 내용을 알아봅니다.

5. 삶 속에서 십계명을 온전히 지키며 살아갑니다.

안내

하나님께서 모세를 통해 우리에게 주신 십계명이 무엇인지 정확하게 알고,
십계명의 내용을 이해하고, 일상생활 가운데서
십계명을 온전히 지키며 살아갈 수 있도록 인도합니다.
더 나아가 우리 아이들의 눈높이에 맞도록 십계명의 내용을 자세히 설명해 주고,
일상생활 속에서 십계명을 잘 지키며 살아갈 능력을 갖추도록 인도합니다.

십계명은 하나님께서 우리에게 주신 명령입니다

Q 나는 십계명의 제1계명부터 제10계명까지의 내용을 외우고 있습니까?

하나님께서 우리에게 십계명의 내용을 알고, 외우고 있어야 합니다.

Q 하나님께서 모세를 통해 십계명을 우리에게 주셨다는 사실을 생각하면 어떤 생각이 듭니까?

십계명은 모세가 이스라엘 백성들을 이집트에서 인도하여 나온 후, 시내산에 도착했을 때 하나님께서 친히 기록하여 주신 계명입니다. 이 십계명은 이스라엘 백성들이 가나안 땅에 들어가서 반드시 지켜야 할 하나님의 명령을 담고 있습니다.

출애굽기 24장 12절의 말씀을 함께 읽어봅니다!
"여호와께서 모세에게 이르시되 너는 산에 올라 내게로 와서 거기 있으라 네가 그들을 가르치도록 내가 율법과 계명을 친히 기록한 돌판을 네게 주리라."

출애굽기 32장 15-16절의 말씀을 함께 읽어봅니다!
"모세가 돌이켜 산에서 내려오는데 두 증거판이 그의 손에 있고 그 판의 양면 이쪽 저쪽에 글자가 있으니 그 판은 하나님이 만드신 것이요 글자는 하나님이 쓰셔서 판에 새기신 것이더라."

우리도 하나님의 백성으로서 반드시 십계명을 지켜야 합니다.

Q 왜 하나님께서는 우리에게 십계명을 주셨을까요?

십계명은 하나님께서 우리에게 주신 모든 명령의 핵심이자 율법의 요약입니다.

예수님께서는 마태복음 22장 37-40절에 구약성경의 내용을 두 가지로 요약해 주셨습니다.

> "예수께서 이르시되 네 마음을 다하고 목숨을 다하고 뜻을 다하여 주 너의 하나님
> 을 사랑하라 하셨으니 이것이 크고 첫째 되는 계명이요. 둘째도 그와 같으니 네
> 이웃을 네 자신 같이 사랑하라 하셨으니 이 두 계명이 온 율법과 선지자의 강령이
> 니라."

하나님 사랑과 이웃 사랑이 구약성경의 내용입니다. 그리고 율법 전체의 요약입니다. 따라서 십계명의 주제와 내용도 하나님 사랑과 이웃 사랑입니다.

십계명의 제1계명 - 제4계명 : 하나님 사랑

십계명의 제5계명 - 제10계명 : 이웃 사랑

십계명이 나오는 출애굽기 20장 3-17절의 말씀을 함께 읽어봅니다!

> "너는 나 외에는 다른 신들을 네게 두지 말라 너를 위하여 새긴 우상을 만들지 말
> 고 또 위로 하늘에 있는 것이나 아래로 땅에 있는 것이나 땅 아래 물속에 있는 것

의 어떤 형상도 만들지 말며 그것들에게 절하지 말며 그것들을 섬기지 말라 나 네 하나님 여호와는 질투하는 하나님인즉 나를 미워하는 자의 죄를 갚되 아버지로 부터 아들에게로 삼사 대까지 이르게 하거니와 나를 사랑하고 내 계명을 지키는 자에게는 천 대까지 은혜를 베푸느니라 너는 네 하나님 여호와의 이름을 망령되 게 부르지 말라 여호와는 그의 이름을 망령되게 부르는 자를 죄 없다 하지 아니하 리라 안식일을 기억하여 거룩하게 지키라 엿새 동안은 힘써 네 모든 일을 행할 것 이나 일곱째 날은 네 하나님 여호와의 안식일인즉 너나 네 아들이나 네 딸이나 네 남종이나 네 여종이나 네 가축이나 네 문안에 머무는 객이라도 아무 일도 하지 말 라 이는 엿새 동안에 나 여호와가 하늘과 땅과 바다와 그 가운데 모든 것을 만들고 일곱째 날에 쉬었음이라 그러므로 나 여호와가 안식일을 복되게 하여 그 날을 거 룩하게 하였느니라 네 부모를 공경하라 그리하면 네 하나님 여호와가 네게 준 땅 에서 네 생명이 길리라 살인하지 말라 간음하지 말라 도둑질하지 말라 네 이웃에 대하여 거짓 증거하지 말라 네 이웃의 집을 탐내지 말라 네 이웃의 아내나 그의 남 종이나 그의 여종이나 그의 소나 그의 나귀나 무릇 네 이웃의 소유를 탐내지 말라."

다음으로 십계명이 나오는 또 다른 본문인
신명기 5장 7-21절의 말씀을 함께 읽어봅니다!

"나 외에는 다른 신들을 네게 두지 말지니라. 너는 자기를 위하여 새긴 우상을 만 들지 말고 위로 하늘에 있는 것이나 아래로 땅에 있는 것이나 땅밑 물 속에 있는 것의 어떤 형상도 만들지 말며 그것들에게 절하지 말며 그것들을 섬기지 말라 나 네 하나님 여호와는 질투하는 하나님인즉 나를 미워하는 자의 죄를 갚되 아버지 로부터 아들에게로 삼사 대까지 이르게 하거니와 나를 사랑하고 내 계명을 지키 는 자에게는 천 대까지 은혜를 베푸느니라 너는 네 하나님 여호와의 이름을 망령 되이 일컫지 말라 나 여호와는 내 이름을 망령되이 일컫는 자를 죄 없는 줄로 인정 하지 아니하리라 네 하나님 여호와가 네게 명령한 대로 안식일을 지켜 거룩하게 하라 엿새 동안은 힘써 네 모든 일을 행할 것이나 일곱째 날은 네 하나님 여호와의 안식일인즉 너나 네 아들이나 네 딸이나 네 남종이나 네 여종이나 네 소나 네 나귀 나 네 모든 가축이나 네 문 안에 유하는 객이라도 아무 일도 하지 못하게 하고 네 남종이나 네 여종에게 너 같이 안식하게 할지니라 너는 기억하라 네가 애굽 땅에 서 종이 되었더니 네 하나님 여호와가 강한 손과 편 팔로 거기서 너를 인도하여 내 었나니 그러므로 네 하나님 여호와가 네게 명령하여 안식일을 지키게 하느니라 너는 네 하나님 여호와께서 명령한 대로 네 부모를 공경하라 그리하면 네 하나님

여호와가 네게 준 땅에서 네 생명이 길고 복을 누리리라 살인하지 말지니라 간음
하지 말지니라 도둑질하지 말지니라 네 이웃에 대하여 거짓 증거하지 말지니라
네 이웃의 아내를 탐내지 말지니라 네 이웃의 집이나 그의 밭이나 그의 남종이나
그의 여종이나 그의 소나 그의 나귀나 네 이웃의 모든 소유를 탐내지 말지니라.”

Q 십계명의 구성을 살펴보며 깨달은 점이 있다면 무엇입니까?

Q 십계명을 통해 하나님이 원하시는 신앙과 삶의 모습은 무엇이라고 생각합니까?

02

십계명의 순서와 내용

1) 제1계명

"너는 나 외에는 다른 신들을 네게 두지 말라" 출 20:3

제1계명은 십계명의 출발이자, 제일 중요한 계명입니다. 하나님만이 유일한 참 신입니다. 그래서 하나님만 섬겨야 합니다. 고대 서아시아 지방은 다신교적인 배경을 가지고 있었습니다. 가짜 신에게 현혹되지 말고, 오직 하나님만이 참 신이심을 믿고 섬겨야 한다는 것입니다. 신앙생활의 핵심은 바로 오직 하나님만 섬기는 것이고, 하나님만 의지하고 살아야 하는 것입니다.

Q 나는 오직 하나님만이 유일한 참 신이심을 분명하게 믿습니까?

2) 제2계명

"너를 위하여 새긴 우상을 만들지 말고 또 위로 하늘에 있는 것이나 아래로 땅에
있는 것이나 땅 아래 물속에 있는 것의 어떤 형상도 만들지 말며 그것들에게 절하
지 말며 그것들을 섬기지 말라 나 네 하나님 여호와는 질투하는 하나님인즉 나를
미워하는 자의 죄를 갚되 아버지로부터 아들에게로 삼사 대까지 이르게 하거니
와 나를 사랑하고 내 계명을 지키는 자에게는 천 대까지 은혜를 베푸느니라." 출
20:4-6

기독교는 우상을 파괴하는 종교입니다. 타종교는 다 우상이 있습니다. 그러나
기독교만이 없습니다. 우상숭배를 다섯 가지로 정리할 수 있습니다.

첫째, 타종교에 가서 우상숭배하는 것을 말합니다.

둘째, 자연에 있는 것들을 가지고 형상을 만들어 섬기는 것을 말합니다.

셋째, 자연에 있는 나무, 동물 자체 섬기는, 즉 주술 신앙 같은 것을 말합니다.

넷째, 우리가 믿는 하나님을 보이는 우상으로 표현해서 섬기는 것을 말합니다.

다섯째, 우리가 하나님 외에 하나님처럼 의지하는 모든 것을 말합니다.

Q 나는 오직 하나님만 의지하고 살아갑니까? 하나님 외에 다른 의지하는 것들이 있다면
무엇입니까?

3) 제3계명

"너는 네 하나님 여호와의 이름을 망령되게 부르지 말라 여호와는 그의 이름을 망

령되게 부르는 자를 죄 없다 하지 아니하리라.” 출 20:7

하나님의 이름을 헛되이, 쓸데없이, 함부로 사용하면 안 됩니다. 하나님의 이름은 우리가 자신의 이익을 위해, 아무 의미 없이, 혹은 기분 나쁠 때 함부로 사용할 수 있는 단어가 아닙니다. 하나님의 이름은 찬양의 대상이고, 높임의 대상입니다. 하나님의 자녀는 마땅히 하나님의 이름을 찬양하고 높여야 합니다.

계명을 어겼을 때 처벌 규정이 명시되어 있는 계명은 제2계명과 제3계명입니다. 하나님의 이름을 높이고 찬양하는 사람에게는 제3계명을 어겼을 때의 처벌 내용과 반대로 복을 다음과 같이 약속하실 것이라 믿습니다.

“여호와는 그의 이름을 찬양하고 높이는 자를 복 있다 하리라!”

Q 나는 평소에 하나님의 이름을 함부로 사용한 적은 없습니까?

4) 제4계명

“안식일을 기억하여 거룩하게 지키라 엿새 동안은 힘써 네 모든 일을 행할 것이나 일곱째 날은 네 하나님 여호와의 안식일인즉 너나 네 아들이나 네 딸이나 네 남종이나 네 여종이나 네 가축이나 네 문 안에 머무는 객이라도 아무 일도 하지 말라 이는 엿새 동안에 나 여호와가 하늘과 땅과 바다와 그 가운데 모든 것을 만들고 일곱째 날에 쉬었음이라 그러므로 나 여호와가 안식일을 복되게 하여 그 날을 거룩하게 하였느니라.” 출 20:8-11

안식일을 기억하는 것은 하나님께서 우리를 만드신 일, 우리를 위해 온 세상 만물을 창조하신 일을 감격하고 감사하고, 찬양하는 것입니다. 그리고 하나님께서 안식일을 거룩하게 하셨으니 안식일에는 거룩하게 지내야 하는 것입니다. 야고보서 1장 27절에 보면, "하나님 아버지 앞에서 정결하고 더러움이 없는 경건은 곧 고아와 과부를 그 환난 중에 돌보고 또 자기를 지켜 세속에 물들지 아니하는 그것이니라"고 나옵니다. 자기를 지켜 세속에 물들지 않게 하는 것은 바로 예배입니다. 그래서 우리가 안식일에 예배를 드리는 것입니다. 그리고 안식일에는 고아와 과부를 비롯한 힘들고 어려운 사람을 도와주는 것입니다. 예수님께서는 안식일에 병든 사람들을 고치시면서 안식일을 거룩하게 지키는 것이 어떤 것인지를 친히 보여 주셨습니다.

한편, 원래 이스라엘 백성들이 지키던 안식일은 토요일인데, 우리 기독교인들은 주일을 안식일로 이해하고 있습니다. 주일의 뜻은 "주님의 날"입니다. 즉, 예수님께서 부활하신 날입니다. 우리 기독교의 초점은 예수 그리스도의 구원 사역입니다. 따라서 예수님께서 십자가에 못 박혀 돌아가시고, 사흘 만에 부활하신 것을 기념하기 위해 주일을 안식일로 지키는 것입니다. 이렇게 되면, 안식일(주일)은 하나님의 창조 사역뿐만 아니라 하나님의 구원 사역도 기억하고 감사하게 되기 때문에 가장 완전한 날이 되는 것입니다.

Q 나는 안식일(주일)을 거룩하게 지내고 있습니까?

5) 제5계명

> "네 부모를 공경하라 그리하면 네 하나님 여호와가 네게 준 땅에서 네 생명이 길리
> 라" 출 20:12

십계명의 제1계명부터 제4계명까지는 하나님과 인간 사이에 지켜야 할 율법입니다. 그리고 제5계명부터 제10계명까지는 인간과 인간 사이에서 지켜야 할 율법입니다. 인간과 인간 사이에서 지켜야 할 율법으로 제일 먼저 나온 것이 바로 "네 부모를 공경하라"입니다. 부모를 공경하는 것이 인간과 인간 사이에 지켜야 할 율법 중에 가장 중요하다는 의미입니다. 제5계명은 에베소서 6장 2절에 약속이 있는 첫 계명이라고 표현되어 있습니다.

"공경하다(כָּבֵד, 카베드)"라는 단어는 하나님을 존중히 여기라는 사무엘상 2장 30절에도 나오는 단어입니다. 부모를 공경하되 마치 하나님을 존중하듯이 최선을 다해 섬겨야 함을 의미합니다. 왜냐하면, 부모는 "하나님의 대리자"이기 때문입니다. 인간은 하나님께서 창조하셨는데, 부모라는 통로를 통하여 육체가 만들어졌기에 부모는 하나님의 대리자, 하나님의 도구로 쓰임 받은 것입니다. 이러한 신앙적인 의미 가운데서 부모를 공경해야 하는 것입니다.

Q 나는 부모님의 말씀에 순종하고 부모님을 공경하고 있습니까?

6) 제6계명

> "살인하지 말라." 출 20:13

하나님은 생명을 살리는 일을 하십니다. 반면에 사단은 생명을 죽이고 파괴하는 일을 합니다. 나를 포함해서 우리 한 사람, 한 사람은 모두 하나님으로부터 지음을 받은 귀한 존재들입니다. 내가 소중하듯, 남도 소중합니다. 즉, 나의 생명도 소중히 여기고, 다른 사람의 생명도 소중히 여겨야 합니다. 그리고 제6계명은 육체적인 살인뿐만 아니라, 정신적인 살인도 살인죄에 들어감을 말씀하고 있습니다. 마태복음 5장 21-22절에서 예수님께서는 이렇게 말씀하십니다.

> "옛 사람에게 말한 바 살인하지 말라 누구든지 살인하면 심판을 받게 되리라 하였다는 것을 너희가 들었으나 나는 너희에게 이르노니 형제에게 노하는 자마다 심판을 받게 되고 형제를 대하여 라가라 하는 자는 공회에 잡혀가게 되고 미련한 놈이라 하는 자는 지옥 불에 들어가게 되리라."

말로서 다른 사람을 정신적으로 죽이는 살인죄도 지으면 안 되는 것입니다.

Q 다른 사람에게 말을 통해 큰 상처를 준 경험이 있습니까?

7) 제7계명

"간음하지 말라." 출 20:14

간음을 조장하는 막장 드라마가 판을 치고 있는 이 시대적 상황 가운데서 제7계명을 철저히 지켜야 합니다. 하나님께서 짝 지워주신 자기 남편과 아내에게만 집중하고 사랑하는 것이 당연한 것입니다. 행동으로 간음하지 않았다고 제7계명을 다 지킨 것이 아닙니다. 마음으로도 간음하면 안 되는 것입니다. 예수님께서는 마태복음 5장 27-28절에서 "또 간음하지 말라 하였다는 것을 너희가 들었으나 나는 너희에게 이르노니 음욕을 품고 여자를 보는 자마다 마음에 이미 간음하였느니라"라고 말씀하십니다. 그래서 제7계명은 마음과 행동에서 성적인 타락이 이루어지지 않도록 신앙 안에서 자신을 경건하게 지켜나가는 것이 필요함을 말씀하고 있는 것입니다.

Q 하나님께서 나에게 허락해 주신 남편이나 아내(미혼의 경우는 미래의 남편이나 아내)를 변함없이 사랑하기 위해서는 어떻게 해야 합니까?

8) 제8계명

"도둑질하지 말라." 출 20:15

제8계명은 다른 사람의 재산권 보호에 관한 계명입니다. 그래서 제8계명은 모든 형태의 도둑질을 금지하는 명령입니다. 첫째, 다른 사람의 재산을 훔쳐 가는 행위를 금지하는 명령이고, 둘째, 땀 흘리는 노력의 결과 없이 부당한 방법으로 재산을 축적하는 사기 행위를 금지하는 명령이고, 셋째, 공금을 사적인 목적이나 정해진 용도 외로 사용하는 행위를 금지하는 명령이고, 넷째, 부주의와 태만으로 인해서 다른 사람의 재산에 손해를 입히는 행위를 금지하는 명령이고, 다섯째, 컨닝이나 표절, 불법 복제와 기술 유출과 같이 지식, 기술, 정보 등을 훔쳐 가는 행위를 금지하는 명령입니다.

Q 나의 재산, 지식, 기술, 정보 등이 누군가에 의해서 도둑질당한다면 기분이 어떨 것 같습니까?

9) 제9계명

제9계명은 나쁜 의도를 가지고, 이웃에게 해를 가하기 위해 거짓 증거하지 말 것과 자신의 이익을 위해서 거짓 증거하지 말 것을 명령하는 내용입니다. 더 나아가 거짓된 생각과 말과 행동을 하지 말 것을 명령하는 내용입니다. 하나님은 진리이시고, 참이시기 때문에 거짓을 미워하십니다. 거짓은 사단으로부터 나오는 것입니다. 요한복음 8장 44절에는 이렇게 나옵니다. "너희는 너희 아비 마귀에게서 났으니 너희 아비의 욕심대로 너희도 행하고자 하느니라 그는 처음부터 살인한 자요 진리가 그 속에 없으므로 진리에 서지 못하고 거짓을 말할 때마다 제 것으로 말하나니 이는 그가 거짓말쟁이요 거짓의 아비가 되었음이라." 하나님께서 만드신 피조물인 인간은 거짓을 배격하고, 진실하게 살아야 마땅한 것입니다.

Q 우리는 주로 언제 거짓말을 하게 될까요? 그리고 거짓말을 하게 되는 주된 이유는 무엇일까요?

10) 제10계명

> "네 이웃의 집을 탐내지 말라 네 이웃의 아내나 그의 남종이나 그의 여종이나 그의
> 소나 그의 나귀나 무릇 네 이웃의 소유를 탐내지 말라." 출 20:17

마지막 제10계명은 탐심 금지 명령입니다. 마지막이라는 것은 모든 계명을 종합한다는 의미를 담고 있고, 제1계명부터 제9계명까지를 온전히 지키기 위한 전제의 의미도 담고 있습니다.

이 탐심으로 말미암아 다른 죄가 발생되는 것이기 때문입니다. 탐심이 있어서 도둑질의 죄도, 간음 죄도 짓게 되는 것이고, 다른 종교에 기웃거리며 우상숭배하는 죄도 짓게 되는 것입니다. 골로새서 3장 5절에는 탐심은 우상숭배라고까지 말씀하고 있습니다. 이 탐심이 수많은 죄를 짓게 하는 원인이 되는 것입니다. 야고보서 1장 15절에는 "욕심이 잉태한즉 죄를 낳고 죄가 장성한즉 사망을 낳느니라"고 나옵니다. 이 욕심을 탐심이라고 말할 수 있습니다. 욕심이 다른 죄를 짓게 만들고, 죄가 커지면 사망으로 이르게 된다는 것입니다. 그래서 모든 죄의 시작이 되는 탐심을 제어하고 금지하는 것이 매우 중요한 계명인 것입니다.

Q 나는 탐심을 제어하기 위해 어떤 노력을 하고 있습니까?

십계명 지키기

Q 출애굽기 20장 3-17절의 말씀을 쓰고 외워봅니다!

"너는 나 외에는 다른 신들을 네게 두지 말라 너를 위하여 새긴 우상을 만들지 말고 또 위로 하늘에 있는 것이나 아래로 땅에 있는 것이나 땅 아래 물 속에 있는 것의 어떤 형상도 만들지 말며 그것들에게 절하지 말며 그것들을 섬기지 말라 나 네 하나님 여호와는 질투하는 하나님인즉 나를 미워하는 자의 죄를 갚되 아버지로부터 아들에게로 삼사 대까지 이르게 하거니와 나를 사랑하고 내 계명을 지키는 자에게는 천 대까지 은혜를 베푸느니라 너는 네 하나님 여호와의 이름을 망령되게 부르지 말라 여호와는 그의 이름을 망령되게 부르는 자를 죄 없다 하지 아니하리라 안식일을 기억하여 거룩하게 지키라 엿새 동안은 힘써 네 모든 일을 행할 것이나 일곱째 날은 네 하나님 여호와의 안식일인즉 너나 네 아들이나 네 딸이나 네 남종이나 네 여종이나 네 가축이나 네 문안에 머무는 객이라도 아무 일도 하지 말라 이는 엿새 동안에 나 여호와가 하늘과 땅과 바다와 그 가운데 모든 것을 만들고 일곱째 날에 쉬었음이라 그러므로 나 여호와가 안식일을 복되게 하여 그 날을 거룩하게 하였느니라 네 부모를 공경하라 그리하면 네 하나님 여호와가 네게 준 땅에서 네 생명이 길리라 살인하지 말라 간음하지 말라 도둑질하지 말라 네 이웃에 대하여 거짓 증거하지 말라 네 이웃의 집을 탐내지 말라 네 이웃의 아내나 그의 남종이나 그의 여종이나 그의 소나 그의 나귀나 무릇 네 이웃의 소유를 탐내지 말라."

Q 신명기 5장 7-21절의 말씀을 쓰고 외워봅니다!

"나 외에는 다른 신들을 네게 두지 말지니라. 너는 자기를 위하여 새긴 우상을 만들지 말고 위로 하늘에 있는 것이나 아래로 땅에 있는 것이나 땅밑 물 속에 있는 것의 어떤 형상도 만들지 말며 그것들에게 절하지 말며 그것들을 섬기지 말라 나네 하나님 여호와는 질투하는 하나님인즉 나를 미워하는 자의 죄를 갚되 아버지로부터 아들에게로 삼사 대까지 이르게 하거니와 나를 사랑하고 내 계명을 지키는 자에게는 천 대까지 은혜를 베푸느니라 너는 네 하나님 여호와의 이름을 망령되이 일컫지 말라 나 여호와는 내 이름을 망령되이 일컫는 자를 죄 없는 줄로 인정하지 아니하리라 네 하나님 여호와가 네게 명령한 대로 안식일을 지켜 거룩하게 하라 엿새 동안은 힘써 네 모든 일을 행할 것이나 일곱째 날은 네 하나님 여호와의 안식일인즉 너나 네 아들이나 네 딸이나 네 남종이나 네 여종이나 네 소나 네 나귀나 네 모든 가축이나 네 문 안에 유하는 객이라도 아무 일도 하지 못하게 하고 네 남종이나 네 여종에게 너 같이 안식하게 할지니라 너는 기억하라 네가 애굽 땅에서 종이 되었더니 네 하나님 여호와가 강한 손과 편 팔로 거기서 너를 인도하여 내었나니 그러므로 네 하나님 여호와가 네게 명령하여 안식일을 지키게 하느니라 너는 네 하나님 여호와께서 명령한 대로 네 부모를 공경하라 그리하면 네 하나님 여호와가 네게 준 땅에서 네 생명이 길고 복을 누리리라 살인하지 말지니라 간음하지 말지니라 도둑질하지 말지니라 네 이웃에 대하여 거짓 증거하지 말지니라 네 이웃의 아내를 탐내지 말지니라 네 이웃의 집이나 그의 밭이나 그의 남종이나 그의 여종이나 그의 소나 그의 나귀나 네 이웃의 모든 소유를 탐내지 말지니라.”

Q 십계명의 말씀을 내 삶에서 온전히 지키기 위한 구체적인 결심을 세워봅니다!

❶ 오늘의 교육을 통해 새롭게 알고 느끼고 깨닫게 된 점은 무엇입니까?

❷ 나의 교회 교육에 구체적으로 적용할 점은 무엇입니까?

❸ 우리 교회 부서 교육에서 새롭게 실천해야 할 점은 무엇입니까?

사도신경

사도신경에는 가장 중요한

신앙고백이 담겨 있습니다.

1. 사도신경이 무엇인지를 알아봅니다.

2. 신앙고백의 성서적 근거가 무엇인지를 알아봅니다.

3. 사도신경의 역사를 알아봅니다.

4. 사도신경에 나오는 신앙고백의 내용을 알아봅니다.

5. 사도신경을 우리의 믿음을 담아서 외워봅니다.

우리 신앙의 기준이 되는 사도신경을 정확하게 알고,
사도신경의 내용이 분명한 나의 믿음과 신앙의 고백이 될 수 있도록 인도합니다.
더 나아가 우리 아이들에게 사도신경의 내용을 자세히 설명해 주고,
사도신경의 내용을 자신의 믿음으로 받아들일 수 있도록
안내하는 능력을 갖추도록 인도합니다.

01

사도신경은 신앙고백입니다

Q 나는 평소에 어떤 마음으로 사도신경을 외우고 있습니까?

우리가 주로 예배 시간에 사도신경을 외우는데, 형식적으로 외우는 면이 많이 있습니다. 사도신경에 담긴 신앙고백의 내용을 굳건하게 믿고, 간절한 마음으로 외워야 하는 것입니다. 사도신경은 기독교의 신앙고백문으로서, 삼위일체 하나님을 믿는 믿음을 중심으로 복음의 핵심, 신앙의 내용이 체계적으로 정리되어 있습니다.

Q 내가 알고 있는 성경에 나오는 신앙고백에는 어떤 것이 있나요?

1) 베드로의 신앙고백이 있습니다.

마태복음 16장 16절을 함께 읽어봅니다!

"시몬 베드로가 대답하여 이르되 주는 그리스도시요 살아 계신 하나님의 아들이
시니이다."

2) 마르다의 신앙고백이 있습니다.

요한복음 11장 27절을 함께 읽어봅니다!

"이르되 주여 그러하외다 주는 그리스도시요 세상에 오시는 하나님의 아들이신
줄 내가 믿나이다."

3) 나다나엘의 신앙고백이 있습니다.

요한복음 1장 49절을 함께 읽어봅니다!

"나다나엘이 대답하되 랍비여 당신은 하나님의 아들이시요 당신은 이스라엘의 임
금이로소이다."

4) 도마의 신앙고백이 있습니다.

요한복음 20장 28절을 함께 읽어봅니다!

"도마가 대답하여 이르되 나의 주님이시요 나의 하나님이시니이다."

성경은 우리가 믿는 신앙의 내용을 입으로 고백할 것을 말씀하고 있습니다.

로마서 10장 9-10절의 말씀을 함께 읽어봅니다!
"네가 만일 네 입으로 예수를 주로 시인하며 또 하나님께서 그를 죽은 자 가운데서
살리신 것을 네 마음에 믿으면 구원을 받으리라 사람이 마음으로 믿어 의에 이르
고 입으로 시인하여 구원에 이르느니라."

빌립보서 2장 11절의 말씀을 함께 읽어봅니다!
"모든 입으로 예수 그리스도를 주라 시인하여 하나님 아버지께 영광을 돌리게 하
셨느니라."

신앙고백은 우리가 믿는 하나님과 복음의 내용을 분명히 확인하고 함께 고백하
도록 돕기 때문에 중요합니다. 특히 사도신경은 초대교회부터 이어져 온 믿음
의 내용을 담고 있어, 성도들이 같은 믿음 위에 서 있음을 확인하고 공동체의 신
앙을 하나로 묶어 줍니다. 신앙고백을 통해 우리는 하나님이 어떤 분이신지, 그
리고 우리가 무엇을 믿는지를 다시 기억하며 믿음을 굳게 세울 수 있습니다.

02

사도신경의 역사

Q 신앙고백문의 명칭이 왜 사도신경이 되었을까요?

사도신경(The Apostles' Creed)은 사도들이 쓴 신앙고백문은 아닙니다. 그러나 사도들이 가르치고 전한 예수님의 복음을 교회가 함께 고백한 신앙고백문입니다.

Q 사도신경은 어떤 과정을 거쳐서 만들어진 것일까요?

- 2세기의 고대 로마신조 문답형 : 세례 집례자가 세례자에게 질문한 내용을 답변하는 형식

- 4세기 로마신조 고백형 : 스스로 자신의 신앙을 고백하는 형식

- 750년에 확정된 공인 원문(Forma Recepta) : 지금의 사도신경 형태

- 니케아 신경 : 또 하나의 신앙고백문으로 325년 니케아 공의회에서 마련되었고, 381년 콘스탄티노플 공의회에서 수정되었음

Q 우리가 지금 고백하고 있는 사도신경이 마련되기까지 얼마나 복잡하고 힘든 과정을 거쳤을지를 생각하면 어떤 마음이 듭니까?

사도신경에 나오는 신앙고백의 내용

1) 성부 하나님에 대한 신앙 고백

"전능하사 천지를 만드신 하나님 아버지를 내가 믿사오며"
"나는 전능하신 아버지 하나님, 천지의 창조주를 믿습니다(새번역)"

성부 하나님은 모든 만물을 만드시고 나를 만드신 전능하신 하나님이십니다.
그리고 하나님은 가장 친밀한 나의 아버지이십니다.

Q 성부 하나님께서 나와 온 만물을 만드시고, 나를 가장 사랑하시는 최고의 아버지이심을 믿습니까?

2) 성자 예수님에 대한 신앙 고백

> "그 외아들 우리 주 예수 그리스도를 믿사오니"
> "나는 그의 유일하신 아들, 우리 주 예수 그리스도를 믿습니다(새번역)"

성자 예수님은 유일하신 하나님의 아들이시며, 우리 인간을 죄로부터 해방시켜 주신 구원자 메시아입니다.

Q 하나님의 외아들 예수님께서 나를 죄로부터 구원해 주신 유일한 구원자 메시아임을 믿습니까?

> "이는 성령으로 잉태하사 동정녀 마리아에게서 나시고"
> "그는 성령으로 잉태되어 동정녀 마리아에게서 나시고(새번역)"

성자 예수님은 성령으로 잉태되신 분이고, 동정녀 마리아의 몸에서 나오신 분입니다. 성령으로 잉태하셨다는 뜻은 100% 하나님이시라는 뜻이고, 동정녀 마리아에서 나셨다는 뜻은 100% 인간이시라는 뜻입니다. 성자 예수님은 참 하나님이시면서, 동시에 참 인간이십니다.

Q 나는 성자 예수님께서 참 하나님이시면서 참 인간이심을 분명히 믿습니까?

“본디오 빌라도에게 고난을 받으사”
“본디오 빌라도에게 고난을 받아(새번역)”

예수 그리스도의 고난은 역사 속에서 실제로 일어난 사건입니다. 예수님은 인류를 살리기 위해 고난이라는 방법을 선택하셨습니다.

Q 나는 우리를 살리시기 위한 예수 그리스도의 고난이 역사 속에서 일어난 실제적인 사건임을 믿습니까?

“십자가에 못 박혀 죽으시고”
“십자가에 못 박혀 죽으시고(새번역)”

성자 예수님은 인간을 사랑하사 인간의 죄의 값을 대신 치르시기 위해 십자가에서 못 박혀 죽으셨습니다. 그래서 십자가는 하나님의 사랑과 하나님의 공의가 만나는 자리입니다.

Q 내 죄의 값을 치르시기 위해서 성자 예수님께서 십자가에서 못 박혀 죽으셨음을 믿습니까?

“장사한 지 사흘 만에 죽은 자 가운데서 다시 살아나시며”
“장사된 지 사흘 만에 죽은 자 가운데서 다시 살아나셨으며(새번역)”

성자 예수님은 죽음의 권세를 이기시고 성경에 나온 예언대로 사흘 만에 부활하셨습니다. 예수님의 부활로 인해 우리의 죄의 값이 치러졌다는 사실이 증명되었습니다.

Q 나는 성자 예수님께서 사망의 권세를 이기시고 사흘 만에 부활하심으로 말미암아 나의 모든 죄의 값이 치러졌다는 사실이 증명된 것을 믿습니까?

“하늘에 오르사, 전능하신 하나님 우편에 앉아 계시다가”
“하늘에 오르시어 전능하신 아버지 하나님 우편에 앉아 계시다가(새번역)”

성자 예수님께서는 사역을 마치시고 하늘로 승천하셨습니다. 그리고 전능하신 성부 하나님 우편에 앉아 계신 진정한 왕이십니다.

Q 나는 성자 예수님께서 승천하시고, 성부 하나님 우편에 앉아 계시는 진정한 왕이심을 믿습니까?

“저리로서 산 자와 죽은 자를 심판하러 오시리라”
“거기로부터 살아 있는 자와 죽은 자를 심판하러 오십니다(새번역)”

하나님의 때에 성자 예수님께서 재림하실 것입니다. 성자 예수님께서는 심판주로 이 세상에 다시 오셔서 하나님의 정의를 완성하실 것입니다.

Q 나는 성자 예수님께서 산 자와 죽은 자를 심판하기 위해 재림하실 것을 믿습니까?

3) 성령 하나님에 대한 신앙 고백

"성령을 믿사오며"
"나는 성령을 믿으며(새번역)"

성령님은 하나님의 영이십니다. 성자 예수님께서 승천하신 후에 성령님이 오셨습니다. 성령님은 보혜사로서 영원히 우리 믿는 자들과 함께하십니다. 성부 하나님, 성자 예수님, 성령 하나님은 한 분이신 삼위일체 하나님이십니다.

Q 나는 성령님이 내 안에 살아 역사하고 계심을 믿습니까? 나는 성부, 성자, 성령 삼위일체 하나님을 믿습니까?

4) 거룩한 공회(공교회)와 성도의 교제에 대한 신앙 고백

"거룩한 공회와 성도가 서로 교통하는 것과"
"거룩한 공교회와 성도의 교제와(새번역)"

시간과 공간을 초월한 보편적 교회를 하나님께서 세우셨고, 하나님 안에서 성도들 간의 영적인 연합이 이루어지게 되었습니다. "거룩한 공회"를 새번역에서는 "거룩한 공교회"로 번역했습니다.

Ⓠ 나는 거룩한 교회를 하나님께서 세우셨음을 믿고, 하나님 안에서 성도들 간의 영적 연합이 이루어진다고 믿습니까?

5) 죄를 사하여 주시는 것에 대한 신앙 고백

"죄를 사하여 주시는 것과"
"죄를 용서받는 것과(새번역)"

우리는 아무 공로 없이, 아무 대가 없이 오직 하나님의 은혜로 예수 그리스도를 통하여 죄 사함을 받았습니다. 과거, 현재, 미래의 죄를 완전히 용서해 주시는 은혜를 믿는 자는 죄사함을 받습니다.

Ⓠ 나는 예수 그리스도를 믿기에 과거, 현재, 미래의 모든 죄를 용서받았음을 믿습니까?

6) 몸의 부활에 대한 신앙 고백

"몸이 다시 사는 것과"
"몸의 부활과(새번역)"

예수님께서 재림하실 때에 우리에게 이루어지는 부활은 영혼만이 아니라 몸이 부활하는 완전한 부활입니다. 예수님께서 완전한 부활의 모델을 보여 주신 부활의 첫 열매이십니다(고전 15:20).

Q 나는 예수님께서 재림하실 때에 몸이 부활할 것을 믿습니까?

7) 영원한 생명에 대한 신앙 고백

"영원히 사는 것을 믿사옵나이다"
"영생을 믿습니다(새번역)"

예수님을 통하여 죄의 문제를 해결한 자들은 영원한 생명을 얻게 됩니다. 하나님과 함께 영생 복락을 누리며 살게 됩니다.

Q 나는 하나님과 함께 영원히 행복하게 살 것을 믿습니까?

8) 믿음의 고백

"아멘"
"아멘(새번역)"

이 모든 신앙고백을 제가 분명히 믿고 받아들입니다.

Q 나는 신앙고백을 아멘으로 받아들입니까?

04

사도신경 고백하기

Q 사도신경을 쓰고 외워봅니다!

전능하사 천지를 만드신 하나님 아버지를 내가 믿사오며,

그 외아들 우리 주 예수 그리스도를 믿사오니,

이는 성령으로 잉태하사 동정녀 마리아에게 나시고,

본디오 빌라도에게 고난을 받으사 십자가에 못 박혀 죽으시고,

장사한 지 사흘 만에 죽은 자 가운데서 다시 살아나시며,

하늘에 오르사, 전능하신 하나님 우편에 앉아 계시다가,

저리로서 산 자와 죽은 자를 심판하러 오시리라.

성령을 믿사오며, 거룩한 공회와, 성도가 서로 교통하는 것과,

죄를 사하여 주시는 것과, 몸이 다시 사는 것과,

영원히 사는 것을 믿사옵나이다. 아멘.

Q 새번역 사도신경을 쓰고 외워봅니다!

나는 전능하신 아버지 하나님, 천지의 창조주를 믿습니다.

나는 그의 유일하신 아들, 우리 주 예수 그리스도를 믿습니다.

그는 성령으로 잉태되어 동정녀 마리아에게서 나시고,

본디오 빌라도에게 고난을 받아 십자가에 못 박혀 죽으시고,

장사된 지 사흘 만에 죽은 자 가운데서 다시 살아나셨으며,

하늘에 오르시어 전능하신 아버지 하나님 우편에 앉아 계시다가,

거기로부터 살아 있는 자와 죽은 자를 심판하러 오십니다.

나는 성령을 믿으며, 거룩한 공교회와 성도의 교제와

죄를 용서받는 것과 몸의 부활과 영생을 믿습니다. 아멘.

 사도신경을 바탕으로 나의 언어로 된 신앙고백문을 써서 하나님께 올려 드립니다.

1 오늘의 교육을 통해 새롭게 알고 느끼고 깨닫게 된 점은 무엇입니까?

2 나의 교회 교육에 구체적으로 적용할 점은 무엇입니까?

3 우리 교회 부서 교육에서 새롭게 실천해야 할 점은 무엇입니까?

7과

주기도문

예수님께서 우리에게
기도의 모범을 보여 주셨습니다.

목표

1. 기도가 무엇인지를 알아봅니다.

2. 예수님께서 가르쳐주신 주기도문의 핵심은 무엇인지 알아봅니다.

3. 예수님께서 알려주신 기도의 순서를 알아봅니다.

4. 예수님께서 알려주신 기도의 내용을 알아봅니다.

5. 예수님께서 가르쳐주신 기도의 제목을 가지고 기도합니다.

안내

예수님께서 우리에게 알려주신 기도를 정확하게 알고,
그 안에서 기도의 내용을 이해하고, 일상생활 가운데서
예수님께서 알려주신 기도를 열심히 할 수 있도록 인도합니다.
더 나아가 우리 아이들에게 주기도문의 내용을 자세히 설명해 주고,
예수님의 기도를 실천할 수 있도록 안내하는 능력을 갖추도록 인도합니다.

01

주기도문은 예수님의 기도입니다

Q 나는 평소에 어떤 마음으로 주기도문을 외우고 있습니까?

우리가 주로 예배 시간에 주기도문을 외우는데, 형식적으로 외우는 면이 많이 있습니다. 주기도문에 담긴 기도의 내용을 알면서 간절한 마음으로 외워야 하는 것입니다.

Q 주기도문이 예수님의 기도라는 사실을 깊이 있게 생각하면 어떤 기분이 듭니까?

주기도문은 예수님의 기도입니다. 예수님께서는 마태복음 6장 9-13절과 누가복음 11장 2-4절에서 제자들에게 기도의 모델을 가르쳐 주셨습니다.

 예수님께서는 왜 제자들에게 주기도문을 알려 주셨을까요?

주기도문은 예수님께서 이 땅에서 하신 기도였습니다. 그리고 예수님의 기도를 따라하라고 제자들에게 알려주신 것입니다. 우리도 예수님의 제자입니다, 예수님을 구세주로 고백하고 믿는 자들은 반드시 예수님께서 알려주신 기도를 끊임없이 할 수 있어야 하는 것입니다.

 성경에서 주기도문은 어디에 나옵니까?

주기도문은 마태복음 6장 9-13절, 누가복음 11장 2-4절에 나옵니다.

마태복음 6장 9-13절의 말씀을 함께 읽어봅니다!

"그러므로 너희는 이렇게 기도하라 하늘에 계신 우리 아버지여 이름이 거룩히 여
김을 받으시오며 나라가 임하시오며 뜻이 하늘에서 이루어진 것 같이 땅에서도
이루어지이다 오늘 우리에게 일용할 양식을 주시옵고 우리가 우리에게 죄 지은
자를 사하여 준 것 같이 우리 죄를 사하여 주시옵고 우리를 시험에 들게 하지 마시
옵고 다만 악에서 구하시옵소서 (나라와 권세와 영광이 아버지께 영원히 있사옵나
이다 아멘)."

다음으로 누가복음 11장 2-4절의 말씀을 함께 읽어봅니다!

"예수께서 이르시되 너희는 기도할 때에 이렇게 하라 아버지여 이름이 거룩히 여
김을 받으시오며 나라가 임하시오며 우리에게 날마다 일용할 양식을 주시옵고
우리가 우리에게 죄 지은 모든 사람을 용서하오니 우리 죄도 사하여 주시옵고 우
리를 시험에 들게 하지 마시옵소서 하라."

02

주기도문의 순서와 내용

1) 하나님 찾기입니다.

> "하늘에 계신 우리 아버지여" 마 6:9

기도를 할 때 누구에게 기도하느냐가 가장 중요합니다. 그래서 기도할 때 제일 먼저 하나님을 찾아야 하는 것입니다. "하늘에 계신"이라는 표현은 우리 위에 계신 하나님, 우리와 위상과 차원이 다르신 전지전능하신 하나님을 표현하는 것입니다. 그리고 "우리 아버지"라는 표현은 하나님과 우리와의 관계를 가장 잘 표현하는 것입니다. 하나님과 우리와의 관계는 아버지와 자녀와의 관계, 즉 가장 친밀한 관계입니다. 하나님은 가장 좋으신 우리 아버지이십니다. 좋은 아버지는 자녀가 말하는 것을 들어주고, 자녀가 원하는 것을 주십니다.

> "너희 중에 누가 아들이 떡을 달라 하는데 돌을 주며 생선을 달라 하는데 뱀을 줄 사람이 있겠느냐 너희가 악한 자라도 좋은 것으로 자식에게 줄 줄 알거든 하물며 하늘에 계신 너희 아버지께서 구하는 자에게 좋은 것으로 주시지 않겠느냐" 마 7:9-11

Q "하늘에 계신 우리 아버지여"를 고백할 때 어떤 생각과 느낌이 듭니까?

2) 하나님을 찬양하기입니다.

> "이름이 거룩히 여김을 받으시오며" 마 6:9

기도의 처음은 하나님의 이름을 높이고 찬양하는 것입니다. 하나님은 절대적으로 거룩하신 분입니다. 하나님은 최고의 고결하고 존귀하신 분입니다. 하나님은 찬양받기에 합당하신 분입니다. 기도의 입술에서는 하나님을 높이고 찬양하는 내용이 흘러넘쳐야 합니다.

Q 나는 기도할 때 하나님을 진정으로 찬양하면서 시작합니까? 아니면 요구부터 시작합니까?

3) 나의 주권을 하나님께 올려드리기입니다.

> "나라가 임하시오며" 마 6:10

하나님의 나라가 임한다는 것은 하나님의 임재와 통치를 뜻하는 것입니다. 하나님께서 임재하시는 곳에 하나님께서 주인 되어 다스리는 통치가 이루어지는 것입니다. 하나님께서 내 안에 임하시면, 나의 주권을 하나님께 올려드리게 됩니다. 하나님께서 나의 주인이 되어 주시고 나를 다스리시고 인도하시게 되는 것입니다. 갈라디아서 2장 20절의 바울의 고백이 우리의 고백이 되어야 합니다.

> "내가 그리스도와 함께 십자가에 못 박혔나니 그런즉 이제는 내가 사는 것이 아니요 오직 내 안에 그리스도께서 사시는 것이라 이제 내가 육체 가운데 사는 것은 나를 사랑하사 나를 위하여 자기 자신을 버리신 하나님의 아들을 믿는 믿음 안에서 사는 것이라."

Q 나는 하나님을 나의 주인으로 모시고 살아가고 있습니까?

4) 하나님의 뜻에 온전히 순종하기입니다.

> "뜻이 하늘에서 이루어진 것 같이 땅에서도 이루어지이다" 마 6:10

하나님의 뜻이 하늘에서 이루어진 것처럼 하나님의 뜻이 우리가 사는 이 땅에서도 이루어지게 해 달라는 간구입니다. 이것을 위해서는 하나님의 뜻에 대한 철저한 순종이 필요합니다. "하나님의 뜻대로 저를 인도하소서. 제가 하나님의 뜻에 온전히 순종하겠습니다. 하나님의 말씀을 지키겠습니다." 부모와 자녀 관계 속에서 자녀가 부모의 말에 순종하는 것은 인간으로서 당연한 도리입니다. 마찬가지로 하나님은 우리의 아버지되시고, 우리는 하나님의 자녀이기에 하나님의 뜻에 순종하고 하나님의 말씀을 지키는 것은 당연한 것입니다. 개인적인 기도뿐만 아니라 더 나아가서 우리 가정이, 우리 교회가, 우리 회사가, 우리나라가, 전 세계가 하나님의 뜻에 순종할 수 있도록, 그래서 하나님의 뜻이 온전히 이루어질 수 있도록 중보 기도해야 합니다.

Q 나는 하나님의 뜻에 순종하기 위해 어떤 신앙적 노력을 하고 있습니까?

5) 삶의 필요 간구하기입니다.

"오늘 우리에게 일용할 양식을 주시옵고" 마 6:11

우리가 일상을 살아가기 위해 필요한 것들이 있습니다. 그것을 위해 기도해야 합니다. 중요한 것은 "일용할 양식"입니다. 욕심이 들어간 필요가 아니라, 우리가 살아가면서 꼭 있어야만 하는 삶의 필요입니다.

Q 내가 요즘 하나님께 기도하고 있는 삶의 필요는 무엇입니까?

6) 회개하기입니다.

> "우리가 우리에게 죄 지은 자를 사하여 준 것 같이 우리 죄를 사하여 주시옵고"
> 마 6:12

실천을 동반한 회개입니다. 나에게 잘못한 사람을 용서하고 나서 하나님께 내 죄도 용서해달라고 간구하는 것입니다. 예수님께서 내 죄를 용서해 주신 것처럼 다른 사람의 죄를 용서해 주는 것이 마땅한 것입니다. 용서의 실천을 강조하는 회개기도입니다. 주기도문의 내용이 나온 바로 다음 구절도 바로 용서의 실천에 대한 강조입니다.

> "너희가 사람의 잘못을 용서하면 너희 하늘 아버지께서도 너희 잘못을 용서하시
> 려니와 너희가 사람의 잘못을 용서하지 아니하면 너희 아버지께서도 너희 잘못
> 을 용서하지 아니하시리라" 마 6:14-15

Q 최근에 다른 사람이 나에게 잘못한 것을 용서한 경험이 있습니까?

7) 죄의 유혹에 빠지지 않기입니다.

> "우리를 시험에 들게 하지 마시옵고" 마 6:13

사단은 우리를 죄에 빠뜨리게 하려고 온갖 방법을 동원해서 유혹합니다. 우리의 힘으로는 죄의 유혹을 이겨내기가 힘듭니다. 기도를 통해서 하나님의 도우심을 구할 때 하나님께서 죄의 유혹을 이겨낼 수 있는 능력과 지혜를 주십니다.

8) 악으로부터 보호받기입니다.

"다만 악에서 구하시옵소서" 마 6:13

악한 세력과 죄의 권세로부터 구원을 요청하는 기도를 드려야 합니다. 하나님
께서 우리를 악으로부터 보호해 주셔야 합니다.

"우리의 씨름은 혈과 육을 상대하는 것이 아니요 통치자들과 권세들과 이 어둠의
세상 주관자들과 하늘에 있는 악의 영들을 상대함이라" 엡 6:12

간절한 기도를 통해 영적 싸움에서 승리해야 합니다.

9) 하나님을 찬양하기입니다.

"나라와 권세와 영광이 아버지께 영원히 있사옵나이다" 마 6:13

모든 나라와 세상의 모든 능력과 모든 영광이 다 하나님께 영원히 속해있음을 찬양하는 것입니다. 기도의 처음도 하나님을 찬양하는 것이고, 기도의 마지막도 하나님을 찬양하는 것입니다. 즉 기도는 찬양으로 시작해서 찬양으로 끝나는 것입니다. 우리는 하나님을 찬양하기 위해 태어난 것입니다. 이사야 43장 21절에는 "이 백성은 내가 나를 위하여 지었나니 나를 찬송하게 하려 함이니라"고 나옵니다. 하나님을 찬양하며 사는 것이 바로 인생의 목적입니다.

Q 평소 나의 기도 속에서는 하나님을 향한 진정한 찬양이 넘치고 있습니까?

10) 아멘입니다.

"아멘" 마 6:13

"아멘"은 그렇게 되기를 원한다는 뜻을 가지고 있습니다. 하나님께 기도의 제목을 다 올려드린 이후에는 기도한 내용이 이루어지기를 간절히 원하는 고백이 담긴 "아멘"을 말함으로 기도를 마무리하는 것입니다. 하나님께서는 간절한 기도를 받으십니다.

Q 나는 얼마나 간절하게 기도하고 있습니까?

Q 주기도문을 통해 드러나는 우리를 향한 예수님의 마음은 무엇인가요?

03

예수님의 기도 실천하기

Q 마태복음 6장 9-13절의 말씀을 쓰고 외워봅니다!

"그러므로 너희는 이렇게 기도하라 하늘에 계신 우리 아버지여 이름이 거룩히 여
김을 받으시오며 나라가 임하시오며 뜻이 하늘에서 이루어진 것 같이 땅에서도
이루어지이다 오늘 우리에게 일용할 양식을 주시옵고 우리가 우리에게 죄 지은
자를 사하여 준 것 같이 우리 죄를 사하여 주시옵고 우리를 시험에 들게 하지 마시
옵고 다만 악에서 구하시옵소서 (나라와 권세와 영광이 아버지께 영원히 있사옵나
이다 아멘)."

Q 누가복음 11장 2-4절의 말씀을 쓰고 외워봅니다!

"예수께서 이르시되 너희는 기도할 때에 이렇게 하라 아버지여 이름이 거룩히 여
김을 받으시오며 나라가 임하시오며 우리에게 날마다 일용할 양식을 주시옵고
우리가 우리에게 죄 지은 모든 사람을 용서하오니 우리 죄도 사하여 주시옵고 우
리를 시험에 들게 하지 마시옵소서 하라."

Q '하나님 찾기 - 하나님을 찬양하기 - 나의 주권을 하나님께 올려드리기 - 하나님의 뜻
에 온전히 순종하기 - 삶의 필요 간구하기 - 회개하기 - 죄의 유혹에 빠지지 않기 - 악
으로부터 보호받기 - 하나님을 찬양하기 - 아멘'으로 진행되는 예수님의 기도의 내용
을 담아서 나의 기도를 써서 하나님께 올려드립니다!

❶ 오늘의 교육을 통해 새롭게 알고 느끼고 깨닫게 된 점은 무엇입니까?

❷ 나의 교회 교육에 구체적으로 적용할 점은 무엇입니까?

❸ 우리 교회 부서 교육에서 새롭게 실천해야 할 점은 무엇입니까?

8과

세례와 성찬

교회에서 시행하고 있는 두 가지의 의식은

세례와 성찬입니다.

1. 세례의 종류가 무엇인지 알아봅니다!

2. 세례의 의미가 무엇인지 알아봅니다!

3. 세례를 받기 위해서는 어떤 준비가 필요한지 알아봅니다!

4. 성찬의 역사를 알아봅니다!

5. 성찬의 의미를 알아봅니다!

6. 성찬을 받기 위해서는 어떤 자세가 필요한지 알아봅니다!

교회에서 시행하고 있는 두 가지 의식인
세례와 성찬이 무엇인지를 이해할 수 있도록 인도합니다.
그리고 세례와 성찬이 우리의 신앙에 있어서
얼마나 중요한 것인지를 깨달을 수 있도록 인도합니다.
더 나아가 우리 아이들이 쉽게 이해할 수 있는 언어로 세례와 성찬의 의미를 알려주고,
세례와 성찬의 소중함을 깨달을 수 있도록 돕는 능력을 갖추게 인도합니다.

01

예수님도 세례를 받으셨습니다

Q 나는 세례(침례)를 언제, 어느 교회에서, 누구에 의해 받았는지 나눠봅니다!

Q 나는 어떤 마음을 가지고 세례(침례)를 받았습니까?

마태복음 3장 13-17절의 말씀을 함께 읽어봅니다!

"이 때에 예수께서 갈릴리로부터 요단 강에 이르러 요한에게 세례를 받으려 하시
니 요한이 말려 이르되 내가 당신에게서 세례를 받아야 할 터인데 당신이 내게로
오시나이까 예수께서 대답하여 이르시되 이제 허락하라 우리가 이와 같이 하여
모든 의를 이루는 것이 합당하니라 하시니 이에 요한이 허락하는지라 예수께서
세례를 받으시고 곧 물에서 올라오실새 하늘이 열리고 하나님의 성령이 비둘기
같이 내려 자기 위에 임하심을 보시더니 하늘로부터 소리가 있어 말씀하시되 이
는 내 사랑하는 아들이요 내 기뻐하는 자라 하시니라."

예수님께서는 공생애를 시작하시기 전에 가장 먼저 하신 일은 요단강에서 세례
요한에게 세례를 받으신 일입니다. 예수님의 세례식은 특별한 의미를 지니고
있습니다. 예수님은 죄가 없으신 하나님이시기에 죄 씻음을 위해서 세례를 받
으신 것이 아닙니다. 예수님의 세례식은 우리에게 하나님의 뜻에 순종하는 본
을 보여 주신 의미를 가지고 있습니다. 그리고 공생애 시작의 선포이자, 왕의
대관식과 같은 의미를 가지고 있습니다. 그래서 예수님께서 세례를 받으실 때
하나님의 성령이 비둘기같이 내려 임하셨고, 하늘에서 "이는 내 사랑하는 아들
이요 내 기뻐하는 자라"는 하나님의 음성이 선포된 것입니다. 영광스럽고 장엄
한 왕의 대관식과 같은 것입니다.

02

'세례'라는 단어의 뜻과 종류

Q "세례"라는 단어의 뜻은 무엇입니까?

세례를 뜻하는 헬라어 "*βάπτισμα*, 밥티스마"는 "담그다"는 뜻을 가지고 있습니다. 그래서 "*βάπτισμα*, 밥티스마"는 우리 몸을 물에 담그는 것을 의미합니다.

Q 세례의 종류는 어떻게 됩니까?

- 침례 : 성경적 근거와 초대 교회의 전통에 따라서 몸을 물속에 완전히 담가서 시행하는 세례

- 간소화된 세례 : 물속에 완전히 담가서 시행하는 침례를 간소화해서 집례하는 목회자가 성수를 손에 담아 세례받는 자의 머리에 얹고 안수하는 세례

- 유아세례 : 유아들은 스스로 자신의 믿음을 고백할 수 없기에 부모의 신앙고백에 의해서 유아들에게 시행하는 세례

- 입교 : 유아세례 받은 아이들이 성장한 후 자신의 신앙을 공적으로 고백하는 의식

Q 나는 어떤 종류의 세례를 받았습니까? 그리고 내가 현재 섬기는 교회에서는 어떤 종류의 세례를 시행하고 있습니까?

세례의 의미

1) 세례는 예수 그리스도로 인해서 나의 모든 죄가 씻어졌음을 선포하는 것입니다. 물은 더러운 것을 깨끗하게 씻어주는 역할을 합니다. 그래서 세례는 나의 모든 더러운 죄가 씻어졌음을 상징적으로 보여 주는 것입니다.

고린도전서 6장 11절의 말씀을 함께 읽어봅니다!
"너희 중에 이와 같은 자들이 있더니 주 예수 그리스도의 이름과 우리 하나님의 성령 안에서 씻음과 거룩함과 의롭다 하심을 받았느니라."

Q 세례받은 나는 예수 그리스도로 인하여 나의 모든 죄가 씻어졌음을 분명히 믿습니까?

2) 세례는 예수 그리스도와의 연합을 선포하는 것이며, 옛사람은 죽고 새사람이 되었음을 선언하는 것입니다. 세례 받는 자는 예수 그리스도와 함께 죽고, 함께 장사 되었고, 함께 부활한 것입니다. 물속에 들어가면 사람이 죽는 것처럼 옛사람이 죽었음을 상징하

는 것이고, 물속에서 나오는 것은 새로운 생명을 얻고 새사람이 되었음을 상징하는 것입니다.

로마서 6장 3-5절의 말씀을 함께 읽어봅니다!

"무릇 그리스도 예수와 합하여 세례를 받은 우리는 그의 죽으심과 합하여 세례를 받은 줄을 알지 못하느냐 그러므로 우리가 그의 죽으심과 합하여 세례를 받음으로 그와 함께 장사되었나니 이는 아버지의 영광으로 말미암아 그리스도를 죽은 자 가운데서 살리심과 같이 우리로 또한 새 생명 가운데서 행하게 하려 함이라 만일 우리가 그의 죽으심과 같은 모양으로 연합한 자가 되었으면 또한 그의 부활과 같은 모양으로 연합한 자도 되리라."

Q 세례받은 나는 예수 그리스도와 하나가 되었음을 확실히 믿습니까?

3) 세례는 죄로 인해 죽은 우리를 살리신 예수님을 삶의 주인으로 모시고 살기로 선포하는 것입니다.

갈라디아서 2장 20절의 말씀을 함께 읽어봅니다!

"내가 그리스도와 함께 십자가에 못 박혔나니 그런즉 이제는 내가 사는 것이 아니요 오직 내 안에 그리스도께서 사시는 것이라 이제 내가 육체 가운데 사는 것은 나를 사랑하사 나를 위하여 자기 자신을 버리신 하나님의 아들을 믿는 믿음 안에서 사는 것이라."

4) 세례는 교회 공동체에 공식적으로 속함을 선포하는 것입니다. 세례를 받으면 세례교인이 되어서 성찬식에 참여할 수 있고, 교회 공동체 구성원으로서 교회 운영에 관한 의사결정과정에 참여하거나 교회의 직분자를 세울 때 투표를 행사할 수 있는 등 권리와 의무를 가질 수 있습니다.

고린도전서 12장 13절의 말씀을 함께 읽어봅니다!

"우리가 유대인이나 헬라인이나 종이나 자유인이나 다 한 성령으로 세례를 받아 한 몸이 되었고 또 다 한 성령을 마시게 하셨느니라."

Q 세례받은 나는 교회 공동체 구성원으로서 해야 할 역할을 제대로 감당하고 있습니까?

04

세례를 받기 위한 준비

1) 죄를 미워하고, 하나님 앞에 자신의 죄를 철저히 회개해야 합니다.

사도행전 2장 38절의 말씀을 함께 읽어봅니다!

"베드로가 이르되 너희가 회개하여 각각 예수 그리스도의 이름으로 세례를 받고
죄사함을 받으라 그리하면 성령의 선물을 받으리니"

2) 예수 그리스도께서 나의 모든 죄를 씻어주신 유일한 구원자임을 분명하게 믿어야 합니다.

마가복음 16장 16절의 말씀을 함께 읽어봅니다!

"믿고 세례를 받는 사람은 구원을 얻을 것이요 믿지 않는 사람은 정죄를 받으리라."

3) 예수님께서 기뻐하시는 삶을 살기로 결단해야 합니다.

고린도후서 5장 9절의 말씀을 함께 읽어봅니다!

"그런즉 우리는 몸으로 있든지 떠나든지 주를 기쁘시게 하는 자가 되기를 힘쓰노
라."

4) 세례 교육을 받고, 세례 문답을 해야 합니다.

마가복음 8장 29절의 말씀을 함께 읽어봅니다!

"또 물으시되 너희는 나를 누구라 하느냐 베드로가 대답하여 이르되 주는 그리스
도시니이다 하매"

5) 교회 공동체 앞에서 신앙고백을 해야 합니다.

마태복음 10장 32절의 말씀을 함께 읽어봅니다!

"누구든지 사람 앞에서 나를 시인하면 나도 하늘에 계신 내 아버지 앞에서 그를 시
인할 것이요"

Q 세례받은 자답게 살아가기 위해서는 어떻게 해야 할지 나의 결심을 나눠봅니다!

05

성찬식은 예수님께서 제정하셨습니다

Q 최근에 나는 언제, 어디에서 성찬식에 참여했습니까?

Q 예수님께서 잡히시기 전에 성찬식을 행하신 것은 시기적으로 어떤 의미가 있을까요?

마가복음 14장 16절의 말씀을 함께 읽어봅니다!

"제자들이 나가 성내로 들어가서 예수께서 하시던 말씀대로 만나 유월절 음식을
준비하니라."

마가복음 14장 22-24절의 말씀을 함께 읽어봅니다!

"그들이 먹을 때에 예수께서 떡을 가지사 축복하시고 떼어 제자들에게 주시며 이
르시되 받으라 이것은 내 몸이니라 하시고 또 잔을 가지사 감사 기도 하시고 그들
에게 주시니 다 이를 마시매 이르시되 이것은 많은 사람을 위하여 흘리는 나의 피
곧 언약의 피니라."

성찬식은 예수님께서 지키라고 명령하신 중요한 예식입니다. 예수님께서는 십
자가를 지시기 전날에 마지막으로 제자들을 모아두고 최후의 만찬을 하셨습니
다. 이때는 유월절 절기인 관계로 예수님과 제자들은 함께 모여서 유월절 만찬
을 하신 것입니다. 예수님께서는 음식을 잡수시면서 떡과 포도주를 가지고 인
간의 죄를 대신 속하기 위해 십자가에서 처절하게 죽는 당신의 사역을 예언하
셨습니다.

Q 성찬식에서 떡은 무엇을 상징합니까?

마태복음 26장 26절의 말씀을 함께 읽어봅니다!

"그들이 먹을 때에 예수께서 떡을 가지사 축복하시고 떼어 제자들에게 주시며 이
르시되 받아서 먹으라 이것은 내 몸이니라 하시고"

떡은 예수님께서 채찍에 맞으시고 십자가에서 못 박히시면서 찢기는 예수님의
몸을 상징합니다.

마태복음 26장 27-28절의 말씀을 함께 읽어봅니다!

"또 잔을 가지사 감사 기도 하시고 그들에게 주시며 이르시되 너희가 다 이것을 마
시라 이것은 죄 사함을 얻게 하려고 많은 사람을 위하여 흘리는 바 나의 피 곧 언
약의 피니라."

포도주의 색깔은 붉습니다. 그래서 포도주는 예수님께서 인류의 죄를 대신 속
하기 위해 십자가의 고난 가운데서 흘리는 피를 상징합니다. 예수님의 피는 언
약의 피입니다. 이 언약은 예레미야 31장 31-34절에서 예언된 새 언약입니다.

예레미야 31장 31-34절의 말씀을 함께 읽어봅니다!

"여호와의 말씀이니라 보라 날이 이르리니 내가 이스라엘 집과 유다 집에 새 언약
을 맺으리라 이 언약은 내가 그들의 조상들의 손을 잡고 애굽 땅에서 인도하여 내
던 날에 맺은 것과 같지 아니할 것은 내가 그들의 남편이 되었어도 그들이 내 언약
을 깨뜨렸음이라 여호와의 말씀이니라 그러나 그 날 후에 내가 이스라엘 집과 맺
을 언약은 이러하니 곧 내가 나의 법을 그들의 속에 두며 그들의 마음에 기록하여
나는 그들의 하나님이 되고 그들은 내 백성이 될 것이라 여호와의 말씀이니라 그
들이 다시는 각기 이웃과 형제를 가리켜 이르기를 너는 여호와를 알라 하지 아니
하리니 이는 작은 자로부터 큰 자까지 다 나를 알기 때문이라 내가 그들의 악행을
사하고 다시는 그 죄를 기억하지 아니하리라 여호와의 말씀이니라."

이 언약은 하나님과 이스라엘 사이를 가로막았던 죄의 장벽을 하나님이 직접
제거하시고 용서하실 것이라는 은혜의 언약입니다. 그리고 이스라엘뿐만 아니
라, 온 인류로 하여금 자발적으로 하나님을 섬기게 하고, 성령의 역사를 통해 하

나님을 깊이 알게 할 것이라는 놀라운 사랑의 언약입니다. 예수님께서 십자가에서 피를 흘리시므로 이 언약이 성취가 되었습니다.

Q 예수님께서 보여 주시고 가르쳐주신 성찬식을 지금 우리가 시행해야 하는 이유는 무엇일까요?

고린도전서 11장 23-25절의 말씀을 함께 읽어봅니다!

"내가 너희에게 전한 것은 주께 받은 것이니 곧 주 예수께서 잡히시던 밤에 떡을 가지사 축사하시고 떼어 이르시되 이것은 너희를 위하는 내 몸이니 이것을 행하여 나를 기념하라 하시고 식후에 또한 그와 같이 잔을 가지시고 이르시되 이 잔은 내 피로 세운 새 언약이니 이것을 행하여 마실 때마다 나를 기념하라 하셨으니"

예수님께서는 성찬식을 제정하시고, 이 성찬식을 하면서 자신을 기념하라고 말씀하셨습니다. "기념하라"는 말은 "기억하라"는 의미입니다. 성찬식을 하면서 예수님을 기억해야 합니다. 십자가에서 고난을 받으시므로 나의 모든 죄를 다 씻어주신 예수님을 기억해야 합니다.

06

성찬식에 임하는 자세

Q 나는 어떤 마음으로 성찬식에 참여하고 있습니까?

1) 우리 마음을 정결하게 해야 합니다.

고린도전서 11장 27-29절의 말씀을 함께 읽어봅니다!

"그러므로 누구든지 주의 떡이나 잔을 합당하지 않게 먹고 마시는 자는 주의 몸과 피에 대하여 죄를 짓는 것이니라 사람이 자기를 살피고 그 후에야 이 떡을 먹고 이 잔을 마실지니 주의 몸을 분별하지 못하고 먹고 마시는 자는 자기의 죄를 먹고 마시는 것이니라."

이 성찬식은 거룩한 자리입니다. 나를 위하여, 내 죄를 위하여 죽으신 예수님을 기억하는 자리이기에 우리 자신을 정결하게 해야 합니다. 우리의 죄를 예수님의 십자가 앞에 내려놓고 간절히 회개해야 합니다. 우리의 생각과 마음은 예수님으로 가득해야 합니다.

2) 예수님께서 내 모든 죄를 완전히 씻어주셨다는 믿음을 가져야 합니다.

> 이사야 53장 5절의 말씀을 함께 읽어봅니다!
> "그가 찔림은 우리의 허물 때문이요 그가 상함은 우리의 죄악 때문이라 그가 징계를 받으므로 우리는 평화를 누리고 그가 채찍에 맞으므로 우리는 나음을 받았도다."

예수님께서 십자가에서 찢기고 피를 흘리심으로 말미암아 우리의 모든 죄가 완전히 다 씻어졌습니다. 성찬식은 예수님께서 나의 모든 죄를 완전히 씻어주셨음을 기억하는 자리입니다.

3) 다른 사람을 용서하는 마음을 가져야 합니다.

> 마태복음 6장 14-15절의 말씀을 함께 읽어봅니다!
> "너희가 사람의 잘못을 용서하면 너희 하늘 아버지께서도 너희 잘못을 용서하시려니와 너희가 사람의 잘못을 용서하지 아니하면 너희 아버지께서도 너희 잘못을 용서하지 아니하시리라."

예수님의 십자가 사건의 핵심은 바로 용서입니다. 나의 죄를 용서해 주신 것입니다. 그래서 예수님께서 나의 잘못을 용서해 주신 것처럼 나도 다른 사람의 잘못을 용서해야 합니다. 용서할 수 있는 사람이 성찬식에 참여할 수 있지, 마음속에 미움이 가득한 사람은 성찬식에 참여할 수 없습니다. 그래서 초대교회 때 성찬식에 참여하는 사람들은 용서를 실천하고 나서 성찬식에 참여했습니다.

4) 예수님을 뜨겁게 사랑하는 마음을 가져야 합니다.

마태복음 22장 37절의 말씀을 함께 읽어봅니다!

"예수께서 이르시되 네 마음을 다하고 목숨을 다하고 뜻을 다하여 주 너의 하나님
을 사랑하라 하셨으니"

우리를 살리시기 위해 우리에게 모든 것을 내어주신 예수님을 마음과 목숨과 뜻
을 다하여 사랑하는 마음을 가지고 성찬식에 참여하는 것은 당연한 것입니다.

5) 하나님께 감사하는 마음을 가져야 합니다.

마태복음 26장 27절의 말씀을 함께 읽어봅니다!

"또 잔을 가지사 감사 기도 하시고 그들에게 주시며 이르시되 너희가 다 이것을 마
시라."

예수님께서는 성찬식을 베푸실 때 하나님께 감사 기도하셨습니다. 예수님은
십자가의 고난을 앞에 두고도 감사하셨는데, 우리가 하나님께 감사해야 하는
것은 당연한 것입니다. 그래서 성찬을 대할 때 하나님께서 베풀어주신 구원의
은혜에 진정으로 감사하는 마음을 가져야 합니다.

6) 예수님의 재림을 기대하는 마음을 가지고, 복음 전파에 대한 열정을 가져야 합니다.

고린도전서 11장 26절의 말씀을 함께 읽어봅니다!

"너희가 이 떡을 먹으며 이 잔을 마실 때마다 주의 죽으심을 그가 오실 때까지 전
하는 것이니라."

예수님께서 우리 죄를 다 짊어지시고 십자가에서 돌아가신 후 부활하신 사건을 우리는 예수님께서 다시 오실 때까지, 즉 예수님 재림 때까지 전해야 하는 것입니다. 예수님의 제자들과 초대교회 성도들은 예수님의 재림을 바라면서 예수님의 십자가를 증거했습니다. 우리는 이 성찬에 참여할 때마다 예수님의 재림을 기대해야 합니다. 그리고 아직도 예수님을 모르는 자들에게 예수님의 복음을 전해야겠다는 결심을 해야 합니다.

Q 성찬에 참여하는 자답게 살아가기 위해서는 어떻게 해야 할지 나의 결심을 나눠봅니다!

THINK

1 오늘의 교육을 통해 새롭게 알고 느끼고 깨닫게 된 점은 무엇입니까?

2 나의 교회 교육에 구체적으로 적용할 점은 무엇입니까?

3 우리 교회 부서 교육에서 새롭게 실천해야 할 점은 무엇입니까?